PRIX : 60 centime

CAMILLE FLAMMARION

CLAIRS DE LUNE

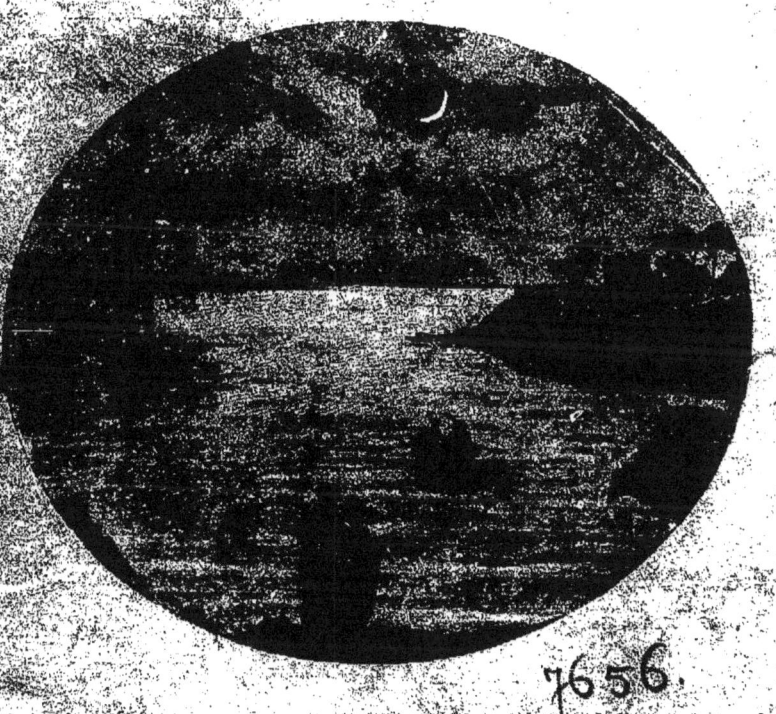

PARIS
Ernest FLAMMARION, Éditeur
26, rue Racine, 26.

CLAIRS DE LUNE

ŒUVRES DE CAMILLE FLAMMARION

Astronomie populaire, ouvrage couronné par l'Académie française. Un beau volume gr. in-8º de 840 pages, illustré de 360 grav., cartes célestes, etc. Centième mille . . . . 12 fr. »

Les Étoiles et les Curiosités du Ciel. Supplément de l'*Astronomie*. Un volume gr. in-8º, illustré de 400 gravures, cartes, etc. Cinquantième mille . . . . 12 fr. »

Les Terres du Ciel. Voyage sur les planètes de notre système et description des conditions de la vie à leur surface. Ill. de photogr. célestes, vues télescopiques, cartes et 400 figures. Un vol. gr. in-8º. Cinquantième mille. . . . . . 12 fr. »

La Planète Mars et ses conditions d'habitabilité. 580 dessins télescopiques et 23 cartes . . . . 12 fr. »

Le Monde avant la Création de l'Homme. Origines du monde. Origines de la vie. Origines de l'humanité. Ouvrage illustré de 400 fig., 5 aquarelles, 8 cartes en couleur. Un vol. gr. in-8º. Cinquante-cinquième mille. . . . . . . 12 fr. »

L'Atmosphère. Météorologie populaire. Nouvelle édition. Un vol. gr. in-8º, ill. de 307 fig., chromolithogr., etc. . . . 12 fr. »

Les Étoiles doubles. Catalogue. 1 vol. in-8º. . . . . 8 fr. »

Uranie, roman sidéral. Illustrations de Bieler, Faléro, Gambard, Myrbach, Emile Bayard et Riou. 30º mille . . . . 3 fr. 50

Dans le Ciel et sur la Terre. Perspectives et Harmonies, illustrées de 4 eaux-fortes de Kauffmann. Un vol. in-18 5 fr. »

La Pluralité des Mondes habités, au point de vue de l'Astronomie, de la Physiologie et de la Philosophie naturelle, 35º mille. Un volume in-18 avec figures. — Prix . . 3 fr. 50

Les Mondes imaginaires et les Mondes réels. Revue des Théories humaines sur les habitants des Astres. 22º édition. Un vol. in-18 avec figures. . . . . 3 fr. 50

Dieu dans la nature, ou le Spiritualisme et le Matérialisme devant la Science moderne, 24º éd. 1 fort vol. in-18 av. portrait. 4 fr. »

Récits de l'Infini. 13º édition. Un volume in-18. . . . . . 3 fr. 50

La Fin du Monde. Illustrations de J.-P. Laurens, Rochegrosse, Robida, E. Bayard, Schwabe, etc. Un vol. in-18. . . 3 fr. 50

Les Derniers jours d'un Philosophe. Entretiens sur la Nature et sur les Sciences, de sir Humphry Davy. Traduit de l'anglais et annoté. Un volume in-18 . . . . 3 fr. 50

Mes Voyages aériens. Journal de bord de douze voyages en ballon, avec plans topographiques. Un vol. in-18 . . . . 3 fr. 50

Contemplations scientifiques. Première série, 1869. . . 3 fr. 50

Contemplations scientifiques. Deuxième série, 1887. . . 3 fr. 50

Les Merveilles célestes. Lectures du soir. 100 figures, Quarante-quatrième mille. 2 fr. 25

Petite Astronomie descriptive. 100 figures . . . . 1 fr. 25

Qu'est-ce que le Ciel ? 63 figures. 1 vol. in-18 . . . . . 0 fr. 75

Lumen (Collection des Auteurs célèbres) . . . . 0 fr. 60

Rêves étoilés (Même collection) . . . . 0 fr. 60

Voyages en ballon. Id. . . . . 0 fr. 60

L'Éruption du Krakatoa et les tremblements de terre. 0 fr. 60

Vie de Copernic et histoire de la découverte du système du Monde . . . . 0 fr. 60

Atlas astronomique de poche. 18 cartes en couleur. . . 1 fr. 50

L'Astronomie. Revue mensuelle d'Astronomie populaire. Abonnement annuel . . . . 12 fr. »

CAMILLE FLAMMARION

CLAIRS DE LUNE

PARIS
LIBRAIRIE MARPON & FLAMMARION
E. FLAMMARION, SUCC^r
26, RUE RACINE, PRÈS L'ODÉON

Tous droits réservés

CLAIRS DE LUNE

CIEL ET TERRE

L'Attraction.

Les avirons frappaient en cadence l'onde silencieuse et calme, et nous avancions à chaque coup, fendant la nappe liquide qui se refermait derrière nous en un sillage aussitôt aplani. La lumière intense de la pleine lune répandait, à travers toute l'atmosphère, une vaporeuse clarté qui faisait pâlir les étoiles. Cependant, Jupiter, Véga, Altaïr étincelaient à la voûte étoilée et se reflétaient dans les eaux; la mer était unie comme un miroir, l'air tiède et sans souffle, à peine traversé parfois par une brise légère.

La silhouette du Mont-Saint-Michel, dont

nous faisions le tour à marée haute, se détachait en un sombre profil sur le fond du ciel clair, et changeait, à chaque instant, d'aspect, suivant notre déplacement.

Tantôt, la rude forteresse du moyen âge se dressait comme un cône aigu émergé de la mer, puis on voyait sortir des tours et des bastions des bras fantastiques, des gargouilles et des chimères ; tantôt la disposition des roches granitiques et des remparts qui vont en s'échelonnant de la base au sommet dessinait un escalier de géants taillé pour escalader le ciel ; tantôt, la barque glissait au-dessous d'un bois dont les grands arbres élevaient leurs panaches sombres nettement découpés sur un ciel d'Italie, et, plus loin, la magnifique architecture voyait s'éclairer ses dentelles, ses arceaux et ses cintres superposés. Les vitraux de « la merveille » resplendissaient subitement des reflets éclatants de l'astre des nuits, et, de chaque côté de la barque, dans les courants rapides qui se forment au jusant, des étincelles de gouttes phosphorescentes jaillissaient des avirons pour s'éteindre aussitôt au sein de la nappe liquide. Et, tandis que nous avancions dans la mer, le silence et le calme de la nature enveloppaient et pénétraient nos âmes comme en un divin rêve ; le rocher de granit lui-même, vague et brumeux dans le clair de lune, semblait, lui aussi, faire partie de ce rêve enchanté.

* * *

Nous étions seuls, au sein du silence et de la nuit, glissant au-dessus des roches où, quelques heures auparavant, nous nous étions meurtri les pieds en essayant de descendre du bois de l'abbaye à la grève découverte pendant la marée basse. Maintenant, la mer enveloppait entièrement l'île, à l'exception de la digue que la sottise humaine a récemment inventée pour ramener l'originale création de la féodalité antique au niveau de la vulgarité des intérêts modernes. Partout, aussi loin que la vue pouvait s'étendre, on n'apercevait que la mer : la mer, toujours la mer, — la mer et le ciel.

Nous causions à voix basse, comme si nous

eussions craint de rompre le charme de ces heures fugitives pendant lesquelles l'être humain se trouve parfois un instant en communication avec l'esprit de la nature.

— Ne trouves-tu pas, fit-elle, qu'il est des impressions que la parole ne peut rendre exactement, et qui seraient mieux traduites si elles étaient chantées? Ne semble-t-il pas que ces impressions frappent nos cœurs comme une mélodie, comme un chant qui passe?

— Oh! répondis-je, voilà bien une idée de femme, gracieuse, charmante et vraie! Je suis bien sûr que, tout à l'heure, tu chantais intérieurement.

— Justement! C'était, je crois, quelque réminiscence de *Cinq-Mars*. Tiens, celle-ci :

> Nuit resplendissante et silencieuse,
> Ah! verse en mon cœur
> Ta paix et ta douceur!
> Dans tes profondeurs, nuit délicieuse,
> Les astres en feu
> Dorment dans l'éther bleu.

« Je crois même que j'aurais continué, comme dans l'opéra :

> Une brise pure
> Un vague murmure
> Sous le ciel clair
> Glissent dans l'air
> Sans éveiller la tranquille nature.

— Tu ne pouvais mieux choisir, repris-je. En entendant ta voix, j'entends cette musique enchanteresse, je subis aussi ce doux bercement de la pensée, et je vois que tu avais entièrement raison. Ces vers n'ont assurément rien de remarquable, mais ils nous bercent en une sorte de rêve et gagnent incomparablement à être chantés. Ils ont dû être écrits pour la musique (non la musique écrite pour eux), autrement, il y aurait fort à reprendre. Chanter que

> Les astres en feu
> Dorment dans l'éther bleu,

est sans doute excusable, mais il ne faudrait pas trop insister, car il y a là une incomparable hérésie : l'éther n'est pas bleu. La musique sauve cette incorrection — et bien d'autres...

« Oui, il y a des moments où l'on chante

intérieurement, où la réminiscence d'une gracieuse mélodie semble donner à nos pensées des ailes qui les emportent au loin... »

La barque filait rapidement vers la haute mer, d'où nous voulions contempler l'ensemble du panorama, et les courants qui se forment si rapidement en ces parages nous avaient même entraînés au large. L'isolement semblait plus grand encore.

*
* *

Nos bateliers ramaient, à quelque distance de nous, presque à l'autre bout de la barque. Assis à l'arrière, nous n'avions qu'à rêver. Et qui n'eût rêvé toujours ainsi ?

— Nous sommes loin du rivage ? demanda-t-elle.

— A plusieurs kilomètres.

— Et tout ceci était découvert, il y a quelques heures, à marée basse ?

— Entièrement. Il y a ici vingt-cinq mille hectares de grève qui sont tour à tour terrestres et aquatiques. Je me souviens d'avoir calculé, un jour, que l'attraction de la lune et du soleil apporte ici, en trois heures, deux milliards cinq cent trente millions de mètres cubes d'eau, c'est-à-dire que cette attraction, invisible puissance, a déplacé ici, seulement depuis l'heure à laquelle nous y sommes venus, un poids de deux mille cinq cents milliards de kilogrammes d'eau.

— Quelle est donc cette attraction et comment la définir ?

— C'est la loi de la nature. Si la mer pouvait la sentir et en comprendre la puissance, elle qui, sous l'influence de cette lune céleste, se soulève et s'abaisse comme un sein qui respire, peut-être pourrait-elle nous donner la définition de cette force mystérieuse à laquelle nous obéissons tous. Mais le papillon qui vient se brûler les ailes à la flamme jusqu'à ce qu'il en meure, comprend-il cette irrésistible puissance qui le charme et le tue ? Et nous-mêmes, postérité d'Adam, ne subissons-nous pas, sans la définir davantage, l'influence d'une attraction qui date de la naissance d'Ève et qui, depuis, a, sans un instant de trêve, perpétué la race des humains ? C'est l'attraction qui régit l'univers. Les atomes se cherchent, se rencontrent, s'unissent ; les mondes gravitent dans l'Infini en se sentant mutuellement ; malgré les distances qui semblent les séparer, eux aussi ne cherchent qu'à s'unir. Dans l'humanité, l'attraction n'a-t-elle pas un autre nom plus doux encore?...

* * *

Pendant notre navigation autour de l'île, la lune s'était élevée graduellement dans le ciel et s'était rapprochée du méridien. L'idée nous vint d'aller visiter l'abbaye, éclairée par cette blanche lumière lunaire, et, lorsque la barque nous eût déposés à la porte de la ville, nous nous dirigeâmes, par la tour du guet et les remparts, à travers cette antique cité féodale, dont l'aspect n'a presque pas varié depuis Louis XI, jusqu'au sommet du rocher, jusqu'au portail monumental rendu plus formidable encore par l'obscurité noire des voûtes sous lesquelles nous allions nous engager.

Le clair de lune double les ombres. La voûte

profonde sous laquelle l'immense escalier semble monter dans la nuit s'ouvrait dans une muraille massive élevée jusqu'aux nues : c'était comme une ouverture dans l'intérieur de la montagne. Nous pénétrâmes dans la salle des gardes, dont la vaste baie montrait, au-dessus de la mer, un pan du ciel éclairé par l'astre des nuits, et, entre deux murailles formidables dont on ne voyait plus les cimes, nous gravîmes les marches qui devaient nous conduire jusqu'à la basilique de l'archange.

L'église immense, vide, silencieuse, recevait d'en haut, du côté de la lune, une lumière pâle qui, des vitraux, descendait en rayons de rosée. Il nous sembla un instant que les spectres des siècles évanouis flottaient là-haut, vers les voûtes, dans ces pâles rayons de lumière lunaire, et venaient nous demander compte de notre visite nocturne. Chacun de nos pas résonnait sur le parvis comme sur des tombeaux.

Nous arrivâmes au cloître, dont les colonnes marmoréennes et les fines ogives se profilaient au loin, sur un fond obscur. La lune restait cachée par la basilique, qui estompait sur le ciel son noir profil, et, au-dessus de nos têtes, brillaient les constellations, la Grande-Ourse, Cassiopée, l'étoile polaire. Loin du monde, en plein ciel, enveloppés par la mer, nous songions aux vieux habitants du monastère qui, pendant mille ans, vécurent ici, isolés de la terre et de l'humanité, à la théocratie du moyen âge, aux moines et aux chevaliers des temps évanouis. Tout est là comme aux jours des prières, des fêtes monastiques, des fanfares, ce même ciel, cette même mer. Ils ont disparu, et avec eux toute une histoire.

La salle des chevaliers, le cimetière des moines, les noirs cachots étaient là, sous nos pieds. Et la lune éclairait, comme autrefois, ce paysage de mer, ces terrasses, ces balcons, ces arceaux, ces voûtes et, comme autrefois, le silence des hauteurs planait ici et, comme autrefois, à la cloche solitaire sonnait l'heure de minuit, qui semble s'envoler dans l'espace. La terre tourne, les siècles passent, les générations se succèdent, la vie s'écoule comme un fleuve, rien ne demeure, sinon les bornes du chemin parcouru par l'humanité changeante.

*
* *

Comme nous descendions de l'antique abbaye, le long des remparts et des bastions de la ville endormie, nous nous aperçûmes que la mer commençait à se retirer et laissait à découvert de vastes plages de sable. L'éternel mouvement des choses continuait son œuvre. Le reflux allait défaire tout ce que le flux avait fait, et demain, le retour de la mer perpétuerait la même oscillation de l'immense plaine liquide.

— Quel silence, quel calme! fit-elle. Comme on sent bien, ici, que la terre est un astre du ciel, et que l'attraction nous emporte parmi les étoiles!

Au même moment, une porte de la rue basse s'ouvrit brusquement, un jet de lumière jaune s'élança vers les murs, des cris sauvages, des vociférations étranglées s'échappèrent d'un cabaret. Un repaire de bêtes fauves excitées par le carnage n'eût pas jeté dans les airs de notes plus discordantes, de clameurs plus ahurissantes.

C'était une réunion électorale.

— L'attraction berce le monde dans son harmonie, repris-je, la terre est dans le ciel. Mais l'humanité ne s'en doute pas.

— Tiens! répliqua-t-elle, ce sont des gens qui font de la politique! Ne serait-ce pas encore là un flux et un reflux?

— Oh! absolument, ni plus ni moins! Mais ils ne s'en doutent pas non plus. Ils s'amusent à leur façon.

— Pour moi, ajouta-t-elle en s'appuyant un peu plus fortement sur mon bras, j'aime mieux le ciel. Restons-y.

LES VOIX DE LA NATURE

LE GRILLON

C'était le soir. La journée avait été chaude et ensoleillée, succédant à une série de jours pluvieux, et définitivement venait d'inaugurer l'été si longtemps attendu. Les chardonnerets, les fauvettes, les pinsons, les merles chantaient encore, quoique le soleil fût couché, infatigables dans leurs joies et dans leurs chansons; les nids foisonnaient dans les taillis; aux sommets des grands arbres, les pigeons ramiers roucoulaient leur refrain doux et mélancolique; au delà du bois, à l'horizon lointain, on voyait la pleine lune se lever dans une atmosphère onduleuse et transparente, et, tout près de la villa, dans les bosquets les plus proches, la voix inimitable du rossignol modulait en mille variations harmonieuses le premier chant de la nuit.

Par intervalles, le silence était absolu, et c'est à peine si l'oreille attentive percevait un bruit de feuillage ou le choc d'un insecte dont le vol venait heurter quelque branche; pourtant alors on pouvait saisir parfois un lointain bourdonnement d'ailes produit par des troupes de hannetons, qui traversaient l'air encore éclairé des derniers rayons du jour. Puis, tout retombait dans le silence, les dernières notes d'oiseaux semblaient s'endormir avec eux, et le rossignol reprenait son hymne à l'amour.

Cependant, parmi les foins coupés, dans les herbes, à travers les clairières du bois, le fond de la mélodie générale, le véritable chant perpétuel de cette soirée était le murmure du grillon. Les dernières strophes de la fauvette, les reprises du rossignol, les roucoulements de la tourterelle, les bourdonnements d'insectes, les appels monosyllabiques du crapaud jetés dans l'ombre comme le son d'une petite cloche, le coassement même des grenouilles dans la vallée, tout cela, à certains moments, s'arrêtait, comme pour écouter, puis reprenait comme une sorte de chœur champêtre, comme un accompagnement irrégulier et bizarre au chant continuel du grillon ; sa voix humble, tranquille, modeste, semblait celle de l'ombre et de la nuit, mais, dans ce milieu, elle régnait en souveraine et donnait la note exacte de cet instant, lors même que toutes les autres restaient silencieuses.

J'écoutai le grillon, je me souvins de l'avoir entendu en ballon, de plus de huit cents mètres de distance, je me souvins aussi qu'il parle sans voix, que sa bouche est muette, et qu'il est antérieur de plusieurs millions d'années aux êtres qui les premiers ont chanté sur la terre (son apparition date de l'époque primaire des âges géologiques, tandis que celle des premiers oiseaux ne date que de l'époque secondaire); je me souvins aussi des douces heures d'enfance, des contes de la veillée par lesquels nos grand'mères savaient si affectueusement, si tendrement bercer nos premiers ans, au coin du feu derrière lequel le grillon chantait aussi; j'associai le temps passé à l'heure présente ; le petit grillon solitaire cessa de m'être indifférent, et j'écoutai sa voix en songeant à ceux qui ne sont plus, à ceux qui dorment sous l'herbe du cimetière et près desquels le grillon chante encore.

* *
*

Alors les voix de la nature se firent entendre à ma pensée sous un sens qui m'était toujours resté caché. Elles me parlèrent un langage et je le compris. Le grillon qui cherche la chaleur dans le four du boulanger et qui préfère au soleil moderne l'obscurité de la nuit, l'ombre crépusculaire ou le demi-jour des épaisses broussailles, se croit toujours sous la chaude et sombre atmosphère de la forêt primaire qui abrita son berceau. A l'époque où cet ancêtre des insectes vint pour la première fois frotter ses élytres sonores dans le silence des paysages naissants, le soleil était immense mais nébuleux et la terre était plus chaude que de nos jours. Il n'y avait encore ni saisons ni climats. Température tiède et constante, l'atmosphère des premiers jours étant une serre chaude. Jusqu'à lui, la nature était restée muette ; il est, avec la cigale, le patriarche du chant ; la vie terrestre n'avait encore produit que des espèces inférieures, des zoophytes, des mollusques, quelques annelés, arachnides, myriapodes, et une seule classe de vertébrés, celle des poissons (encore n'étaient-ce que les poissons cartilagineux, ganoïdes au squelette inachevé) ; monde de sourds-muets ou à peu près.

Le grillon, la cigale, la blatte, la libellule sont les plus anciens insectes dont on ait retrouvé quelques débris fossiles, dès les antiques terrains formés pendant la période dévonienne, précédant même l'ère des immenses forêts carbonifères. Cet âge paraît antérieur de dix millions d'années à l'humanité. Les insectes supérieurs, les élégants papillons, les industrieuses abeilles, les intelligentes fourmis, les hyménoptères, diptères et lépidoptères ne sont arrivés que bien des siècles plus tard, avec le développement progressif des espèces. Le grillon paraît être le premier vivant qui se soit fait entendre. A défaut de la voix, qui n'existait pas encore, il frotta ses élytres, et, pour la première fois, dit aux premiers êtres qui pouvaient l'entendre : « Je suis là ! »

Les voix ont des tons comme les couleurs ; les unes sont claires, les autres sombres, d'autres sont incolores et comme grises : le cri monotone et simple du grillon champêtre est un cri gris. Du même ton est son intelligence. *Stultior gryllo !* plus fou qu'un grillon, disaient il y a deux mille ans les Latins. Tout primitif, incapable de ruse, il se laisse prendre au piège le plus enfantin. Sa voix seule semble son appel et sa défense ; au moindre bruit il se tait, écoute un instant, puis reprend bientôt son murmure.

*
* *

C'est comme un écho des âges évanouis, un lointain souvenir du passé. L'insecte primitif nous raconte toute l'histoire de la nature. Il a assisté successivement à toutes les époques de l'évolution progressive du monde. Il a été témoin de la formation des continents, il a vu plusieurs fois la France où nous sommes, émerger au-dessus des eaux, redescendre et remonter encore. Il a vu de siècle en siècle l'aspect du monde se transformer par d'étranges métamorphoses, les batraciens ses contemporains, les grenouilles, les crapauds, les salamandres, les labyrinthodontes (ces grenouilles plus grosses que des bœufs) régner en souverains sur les rivages, vers les flots courroucés, au milieu des tempêtes, au sein des forêts naissantes, cherchant à dominer les tumultes du vent et des orages par leurs premiers cris inarticulés, — et quels cris! imaginons des bœufs qui se mettraient à coasser!

Des forêts immenses préparaient les houilles, des futaies gigantesques croissaient au milieu des bois impénétrables, des fougères merveilleuses inauguraient l'ère du monde végétal, au sein duquel se développaient et pullulaient les premiers insectes. Mais alors, ni les fleurs ni les oiseaux n'étaient encore éclos. Monde sauvage et formidable auquel succéda un monde plus formidable encore, celui de l'époque secondaire, celui des ichthyosaures, des plésiosaures, des iguanodons, des mégalosaures, des atlantosaures, géants de trente mètres de longueur, colosses pesant jusqu'à trente mille kilogrammes : ils paissaient dans les forêts sombres, le long des fleuves, faisant craquer sous leurs pieds énormes les arbustes d'en bas, tandis qu'au-dessus d'eux les reptiles volants, les ptérodactyles, chauves-souris géantes, vespertillons des rêves de la terre, commençaient le vol en sautant gauchement de branche en branche ou en se retenant aux rudes parois des rochers.

La nature vivante était restée muette jusqu'à la fin des temps primaires. Au bruit des flots, des vagues, du vent dans le feuillage, de l'orage, de la foudre, des ouragans, des tempêtes, les mollusques, les crustacés, les poissons étaient restés sourds. Ensuite, les insectes commencèrent à bourdonner, les cigales frappèrent leurs élytres, les grenouilles coassèrent, les sauriens géants beuglèrent ou crièrent, et enfin l'oiseau chanta. Le perfectionnement de la voix a été comme une image du perfectionnement de la vie. Déjà, dans le bêlement de la brebis qui appelle son agneau, dans le miaulement du chat, dans l'aboiement du chien, dans le rugissement du lion, comme dans le chant de l'oiseau, la nature parle, fait entendre les essais rudimentaires d'un langage. Nous sommes loin de l'humanité, sans doute, mais nous en sommes beaucoup plus proches qu'aux temps muets des poissons et des zoophytes.

Toutes ces voix sont comme un écho des essais successifs de la nature, au fond duquel on entend la plus ancienne de toutes, celle du grillon, qui a traversé ces millions d'années d'histoire sans s'en apercevoir.

Sait-il que nous existons ? Non, assurément. Ses congénères et lui vivent comme autrefois. Il entretient dans le silence du soir un bruit primitif dépourvu de modulations, comme au temps où il murmurait seul au monde avec le vent des solitudes ; la blatte, sa parente, dévore la farine du boulanger comme elle dévorait celle des plantes de l'époque primaire ; le ver luisant n'a pas éteint la petite lampe qu'il portait avec lui dans les forêts secondaires; la grenouille coasse encore comme au temps des labyrinthodontes ; dans les bourdonnements des insectes du soir, nous reconnaissons leur joie instinctive de retrouver l'ombre crépusculaire des temps primitifs, et dans cette confusion de bruits et d'harmonies, nous pouvons percevoir la note de chaque âge, l'écho de chacune des étapes des progrès de la vie sur la terre.

Et comment ne les reconnaîtrions-nous pas? comment ne les sentirions-nous pas? L'homme n'est-il pas le dernier né et le résumé suprême de la création tout entière? Ne tenons-nous pas à la nature par mille liens que nul ne saurait rompre? La solitude des bois, la fraîcheur des vallées, les parfums de la prairie, le gazouillement des sources, les tableaux de la mer, l'aspect des montagnes ne nous parlent-ils pas un mystérieux langage, dans lequel nous retrouvons comme un miroir de nos pensées, comme un écho de nos rêves?

Enfants de l'éternelle nature, nous vivons

toujours en elle et par elle, et dans nos joies comme dans nos tristesses, dans nos fières aspirations comme dans nos désespérances, c'est encore elle qui parle en nous, qui nous guide, qui nous soutient et qui nous console. Nous pouvons dire d'elle ce que l'évangéliste disait de Dieu : *In ea vivimus, movemur et sumus;* en elle nous vivons, nous agissons et nous sommes !

***

Il me sembla donc, en entendant le doux concert du soir, que j'étais transporté de plusieurs millions d'années antérieurement à la création de l'homme, en cette lointaine époque primaire où la force vitale de la planète terrestre était surtout représentée par deux grands systèmes d'organisation ; dans les eaux les premiers vertébrés, les poissons ; sur la terre les premières plantes, les végétaux cryptogames, sans fleurs, sans parfums et sans fruits.

La tendance divine vers l'incessant perfectionnement n'avait pas encore produit les espèces supérieures, ni dans le règne animal ni dans le règne végétal; mais elle s'était magnifiquement manifestée déjà par les degrés ascendants qui s'étendent du règne minéral aux poissons et aux insectes d'une part, aux fougères et aux sigillaires d'autre part. Elle continuera d'agir en un essor incomparablement plus brillant encore lorsqu'à travers les âges elle donnera naissance aux plantes nerveuses ou carnivores, à la sensitive et au drosera, et parallèlement aux oiseaux, aux mammifères, et finalement conduira la marche du progrès jusqu'à la création de l'homme.

Nous sommes au milieu de la forêt du grillon. Comme les animaux de cet âge, les plantes primitives sont humbles, dépourvues de leurs fleurs — ces couchettes nuptiales — et leur nom de cryptogames (noces cachées) symbolise précisément cet état. Pas de sexes séparés! Organes si bien dissimulés, si petits, si microscopiques, si discrets, que naguère encore d'éminents botanistes doutaient de leur existence.

Le mode de génération reste encore rudimentaire, fluctuant, indécis, et n'a pas atteint ce perfectionnement de la séparation des sexes et de la nécessité du rapprochement de deux êtres distincts et complémentaires l'un de l'autre, perfectionnement si intimement apprécié de tous les êtres qu'il n'a fait que s'affirmer avec le progrès, et qu'il n'y a pas à craindre de le voir jamais tomber en désuétude.

Alors point de fleurs, point de coquetterie, point de parfums, point d'ivresse, point d'attraction, point d'attouchements! amour de mollusques, de crustacés, de poissons! Mais la nature inquiète s'élève bientôt vers un idéal à la fois plus poétique et plus sensible. Des cryptogames sortiront les phanérogames, comme des invertébrés sont sortis les vertébrés. Le pistil va naître, les étamines le chercheront, la poussière fécondante viendra, par un contact mystérieux, réveiller l'ovule virginal et transformer la plante. Du champignon la vie s'élève à la rose; l'argile tend vers l'ange.

Depuis longtemps les sexes sont séparés

chez les animaux, et cette séparation est une cause très active de perfectionnement et de progrès. Ils ne le sont pas encore chez toutes les plantes, et même la séparation est l'exception. Mais au temps auquel le bruissement du grillon nous ramène, les sexes venaient à peine de commencer. Pendant des millions d'années, les êtres vivants en avaient été dépourvus.

Les premiers organismes, les protistes, les monères, les bactéries, les foraminifères, les radiolaires, les noctiluques, qui rendent la mer phosphorescente, les éponges, les polypes n'ont pas encore de sexe. Tous ces êtres sont, du reste, aveugles, sourds et muets; d'ailleurs la tête n'existe pas encore. Les vers de terre, les naïs, les déro n'ont pas de sexe non plus, du moins se reproduisent-ils des deux façons, par fissiparité et par une sorte de génération sexuée. Certaines néréides sont composées de deux individus soudés bout à bout, l'un sans sexe, l'autre sexué. Il semble que la nature ait essayé tous les moyens avant de se décider pour le meilleur.

L'existence et la séparation des sexes eussent été, du reste, téméraires dès ces commencements : les êtres ne pensaient pas du tout. Si les sexes contraires ne s'étaient jamais rencontrés et réunis, la vie eût vite disparu. N'est-ce pas déjà une grande hardiesse d'avoir donné aux végétaux supérieurs — mais pourtant toujours fixés au sol par des racines — des sexes séparés? Beaucoup de plantes solitaires ne sont jamais fécondées. On connaît l'histoire de ce dattier femelle, planté à Otrante, qui resta stérile jusqu'à l'époque où un dattier mâle situé à Brindes put élever sa cime au-dessus des arbres voisins et confier au vent sa précieuse poussière fécondante. Sans le vent et sans les insectes, bien des fleurs mourraient délaissées et infécondes.

* *

Ainsi le bruissement du grillon, le murmure crépusculaire de cet ancien témoin des âges disparus fit passer devant mes yeux toute l'histoire. L'insecte, l'oiseau, le reptile, le quadrupède, le mammifère m'apparurent chacun avec ses instincts d'origine expliqués par cette origine même.

Les termites liment le bois depuis des millions d'années pour en manger la sciure, sans se préoccuper des aliments modernes, parce qu'ils sont nés dans les vieux bois entassés au fond des forêts vierges de l'âge primaire : quand les forêts ont manqué, ils s'en sont pris aux industries humaines, mais ce sont toujours des mangeurs de bois. Les libellules cherchent toujours une proie vivante dans le monde des insectes aquatiques, parce qu'à l'époque de leur création, il n'y avait pas encore de fleurs. Le papillon, au contraire, né après la fleur, va se plonger dans les corolles et s'envelopper des parfums du pollen. Les métamorphoses de l'insecte résument l'histoire de la nature vivante; la chenille grossière, rampante et rongeuse, représente l'âme primaire ; le papillon élégant, aérien, fleur vivante, est de l'âge tertiaire. L'hirondelle, qui fit ses premiers nids sur une île de terre, continue de les fabriquer de terre comme autrefois. Les migrations des oiseaux s'expliquent par la jonction de l'Europe à l'Afrique, au temps de la mer miocène ; la Méditerranée s'est creusée depuis, mais ils savent qu'ils retrouveront au delà une terre hospitalière. La toison de la brebis lui a été donnée en même temps que celle du mammouth, pendant la période glaciaire ; alors l'éléphant et le rhinocéros vivaient ensemble, et l'on retrouve souvent leurs ossements réunis dans les cavernes quaternaires. Aujourd'hui encore, dans les jungles de l'Afrique et de l'Asie, ils restent unis par l'instinct d'une amitié lointaine. Si, au contraire, le chien et le chat manifestent l'un pour l'autre une aversion devenue proverbiale, c'est qu'autrefois leurs ancêtres préhistoriques se dévoraient entre eux. Le singe aux longs bras est conforme au monde de forêts inextricables, de branches et de lianes le long desquelles il glissait suspendu et balancé. Ainsi tout être semble porter en soi, dans sa forme, dans ses instincts, dans son langage, l'empreinte de l'époque qui lui a donné naissance.

* * *

Pendant que ces réflexions avaient traversé ma pensée, la lune s'était lentement élevée dans le ciel comme une hostie immense venant dominer et bénir le monde endormi ; ses rayons versaient silencieusement dans l'air une frémissante rosée de lumière, les villages disparaissaient dans l'ombre du soir, et le grillon infatigable chantait toujours son chant des premiers âges du monde. Tout se taisait, comme au cimetière, et lui seul racontait à sa manière l'antiquité de la vie.

Mais tout d'un coup, frappé sans doute, à travers le feuillage, par un éclatant rayon de lumière, le rossignol reprit de sa voix si claire, si limpide et si pure sa chanson un instant interrompue, tantôt lançant des notes fantastiques aux étoiles, tantôt roucoulant des modulations mélancoliques, variant de mille nuances son infatigable discours.

« Oh ! disait-il, toutes les voix de la nature s'effacent devant la mienne, oubliez le passé, je suis la vie, je suis l'amour, je chante le progrès divin et je suis ton précurseur, ô merveilleuse voix humaine. Si la nature est belle, c'est parce que l'humanité la comprend. Nous tous, oiseaux, insectes, animaux des bois et des déserts, nous ne sommes arrivés sur la terre avant vous que pour préparer votre règne, et nous autres, oiseaux supérieurs, le comprenons si bien, que nous préférons vos bosquets aux solitudes, et que souvent — dans nos heures de loisir — c'est pour vous que nous chantons. Quelquefois même vos concerts nous mettent en voix. Mais ne soyez pas ingrats ; n'oubliez pas trop votre meilleure amie, la Nature, cette jeune mère toujours charmante; ne passez pas votre vie entre des murs de pierre, ne respirez pas toujours la poussière de vos industries, ne vous atrophiez pas dans l'insipide bruit des villes, revenez-nous quelquefois et demeurez avec nous dans l'atmosphère pure et parfumée des champs et des bois. Toutes les voix de la nature vous invitent à apprécier la beauté de l'univers qui vous environne ; c'est une intéressante histoire ; comprenez-la, et vivez encore un peu comme nous dans le calme bonheur de la simplicité. »

Ainsi chantait le rossignol. Il me sembla que son langage complétait celui du grillon, et je restai longtemps encore à les écouter tour à tour, sans envier l'ambition des hommes qui les enserre dans la gloire inquiète des forums ou des trônes.

LES ÉTOILES FILANTES

La nuit est peuplée d'étoiles éclatantes, l'air est calme et comme endormi, le silence d'une paix profonde plane sur le monde, et dans le tranquille miroir des eaux les astres du ciel se reflètent, ouvrant sous nos yeux un nouvel abîme. La pensée flotte entre deux immensités : le ciel infini et le lac peuplé d'étoiles. Accoudée au balcon qui domine les eaux sombres, la jeune fille rêveuse a laissé sa pensée s'envoler dans les cieux. Il lui semble que ces mondes lointains ne sont pas étrangers à la Terre. Il y a là comme d'autres âmes qui brillent, comme d'autres cœurs qui palpitent. Elle contemple ces constellations mystérieuses qui dessinent sous la voûte céleste de symboliques figures, elle se sent transportée au delà des vulgarités quotidiennes de la vie, et sa pensée, que l'amour sans doute a déjà effleurée de ses ailes, associe à ses sentiments les plus intimes l'intangible immensité qui l'enveloppe d'un impénétrable mystère.

Tout à coup, détachée des cieux, une étoile a semblé glisser lentement dans l'espace et tomber vers la Terre. Puis bientôt une seconde étoile a succédé à la première, puis une autre encore. Seraient-ce de véritables étoiles qui abandonneraient soudain leur céleste royaume pour s'éloigner dans les insondables profondeurs? Seraient-ce de petits astres enflammés tout d'un coup dans l'éther et s'éteignant aussi vite qu'ils sont nés? Seraient-ce des météores formés dans les hauteurs de notre atmosphère et suivant notre planète en son cours? Ces étincelles silencieuses participent-elles de la nature de l'éclair? Annoncent-elles quelque orage électrique dans les solitudes aériennes, ou bien, comme les flammes translucides de l'aurore boréale, répondent-elles à l'attraction magnétique du pôle, ou peut-être même, si l'on en croit les antiques traditions, l'étoile qui s'envole ne serait-elle pas une âme pure exhalée d'un soupir suprême, et cherchant sa route dans les cieux? L'innocente légende de nos aïeules n'assurait-elle pas aussi que si la jeune fille a su formuler clairement un vœu dans son cœur pendant la durée de la visibilité du céleste sillage, ce vœu sera sûrement réalisé avant la fin de l'année?... Mais quel est le vœu de jeune fille qui n'est pas satisfait dès qu'elle le souhaite, et quelle est l'étoile qui pourrait rester sourde aux désirs de ses jeunes sœurs de la Terre?

Fugitif météore glissant dans l'azur, l'étoile filante n'est-elle pas un peu l'image de la vie, de la vie qui n'est qu'un rêve et qui passe comme un songe? Pendant bien des siècles, il n'a pas semblé que la science positive pût s'attaquer à quelque chose d'aussi vague et d'aussi impalpable, et l'astronomie avait complété tout son édifice splendide en laissant en dehors ce léger problème. Mais la curiosité humaine, cause de tous les progrès accomplis par notre race sublunaire, veut résoudre toutes les questions, l'analyse scientifique veut conquérir tous les domaines, et notre grand siècle ne pouvait aller rejoindre ses aïeux sans que ce problème de physique ne fût résolu comme les plus importants et les plus graves de la connaissance de la nature. Et, en fait, l'étude des étoiles filantes vient de nous montrer une fois de plus qu'il n'y a rien d'insignifiant dans la création, que le hasard n'existe pas, et que tout le mécanisme de ce corps immense que nous appelons l'univers est soumis à des lois absolues, qui règlent la chute du flocon de neige emporté par le vent comme le cours du soleil dans l'immensité des espaces.

Et depuis que nous savons d'où elle vient, depuis que nous la connaissons, l'étoile filante est devenue pour notre esprit plus importante, est plus intéressante qu'elle ne l'était aux jours d'ignorance et de mystère. La science ouvre des horizons plus vastes que la poésie la plus sublime. Autrefois, Hésiode croyait donner une idée grandiose de la dimension de l'univers en disant que l'enclume de Vulcain avait mis neuf jours et neuf nuits à tomber du haut des cieux sur la Terre. Neuf jours et neuf nuits ! Pour venir de l'étoile la plus proche, un boulet de canon devrait marcher sans arrêt ni ralentissement pendant près de deux millions d'années... L'étoile filante paraît glisser dans l'air à quelques centaines ou à quelques milliers de mètres de nous ; en fait, elle traverse souvent les hauteurs de l'atmosphère à plus de cent kilomètres de distance de notre œil. L'œil se trompe toujours sur ces distances, en longueur comme en hauteur. Un jour je reçus une dépêche de Milan m'annonçant qu'un admirable bolide était tombé, la nuit précédente, au nord de cette ville, à quelques kilomètres sans doute. Le même jour on m'avait adressé d'Evian une lettre décrivant la chute du météore dans le lac de Genève. Je reçus aussi une lettre de Chaumont m'assurant qu'on l'avait vu tomber près de la ville. Pour les habitants de Boulogne sur mer, le bolide était tombé dans la Manche, et on l'avait même fort bien entendu. En fait, il avait éclaté en Angleterre, fort au delà de Londres, non loin d'Oxford... On entend parfois un bruit strident, un roulement de tonnerre, une explosion comparable à celle d'un feu d'artifice. Quelle ne doit pas être la force de l'explosion pour que, dans un air aussi raréfié, elle soit assez violente pour être entendue jusqu'en bas, et parfois à plus de cent kilomètres à la ronde!... Les étoiles filantes nous arrivent des profondeurs de l'espace, de millions et de milliards de kilomètres. Et elles sont aussi antiques que notre monde lui-même. Leur étude constitue aujourd'hui l'un des chapitres les plus intéressants de toute la science moderne.

* *

Les étoiles filantes sont de petites particules cosmiques, qui ne pèsent en général que quelques grammes, et souvent moins encore, et sont composées surtout de fer et de carbone. Elles voyagent par essaims dans l'espace et circulent autour du Soleil à la façon des comètes, suivant des ellipses très allongées.

Lorsque ces ellipses croisent la route que la Terre décrit annuellement autour du même astre, les étoiles filantes nous rencontrent, et une quantité considérable peut apparaître en une nuit. Elles ne sont pas lumineuses par elles-mêmes : leur éclat vient de la transformation de leur mouvement en chaleur. Leur vitesse est merveilleuse : 42 570 mètres par seconde ! Notre planète vogue autour du Soleil au taux de 29 460 mètres par seconde. Lorsqu'une pluie d'étoiles filantes nous arrive de face, le choc est donc de 72 000 mètres de vitesse dans la première seconde de rencontre. Si l'étoile arrive derrière nous, cette vitesse peut descendre à 16 500. Elle est, en moyenne, de 30 à 40 000 mètres. Le frottement causé par cette rencontre produit une chaleur de plus de 3 000 degrés centigrades. Le corpuscule météorique s'échauffe et s'enflamme. S'il n'est pas fondu et même volatilisé par cette haute température, il peut ressortir de notre atmosphère après l'avoir traversée dans ses altitudes raréfiées. Mais, dans la plupart des cas, il doit s'évaporer, rester au sein de notre atmosphère et arriver lentement à la surface du sol sous forme de dépôt. On estime qu'il nous en arrive environ 146 milliards par an, ce qui accroît lentement la masse de la Terre.

La nuit du 10 août est l'une des plus remarquables de l'année à cet égard, et bien souvent les nuits du 11 et du 12 la continuent. Lorsque le ciel est bien pur, et lorsque la lumière de la lune ne vient pas gêner l'observation, on peut compter pendant ces trois nuits des centaines et même des milliers d'étoiles filantes, qui paraissent presque toutes émaner de la même région du ciel, de la constellation de Persée. Les astronomes appellent quelquefois ces étoiles filantes du 10 août du nom de Perséides, à cause de ce point d'émanation. Nos ancêtres les appelaient les Larmes de saint Laurent. La fête de saint Laurent arrive, en effet, le 10 août, et ce fait nous montre en même temps que cette désignation est postérieure à la réforme du calendrier (1582), car si elle avait été antérieure, la pluie d'étoiles aurait été associée aux fêtes du 31 juillet ou du 1er août, puisque le calendrier Julien était en retard de dix jours avant la réforme grégorienne.

L'essaim des étoiles filantes du 10 août est très disséminé et occupe dans l'espace une immense étendue, car la Terre emploie plus de trois jours à le traverser : il nous rencontre à peu près à angle droit. Son orbite est très allongée ; c'est la même orbite que celle de la grande comète de 1862, qui s'éloigne jusqu'à la distance de 1 776 millions de lieues, et ne nous revient que tous les 121 ans. Il semble bien qu'il y a des étoiles filantes disséminées tout le long de cette immense ellipse.

Une autre époque de l'année est aussi remarquable que celle du 10 août, au point de vue qui nous occupe ; c'est celle du 14 novembre. L'essaim est même plus riche, plus serré, et parfois — tous les trente-trois ans — les étoiles filantes tombent du ciel par flocons aussi serrés que ceux d'une averse de neige. En 1833, on estime qu'il en est tombé deux cent quarante mille. Le spectacle s'est renouvelé en 1866, et nous en attendons un nouveau pour 1899. On désigne cet essaim sous le nom de Léonides, parce que les météores paraissent nous arriver de la constellation du Lion. Il suit dans l'espace la même orbite que la comète de 1866, qui s'éloigne jusqu'à l'orbite d'Uranus, à 710 millions de lieues, et revient près du Soleil tous les trente-trois ans. Il a été incorporé dans notre système solaire par l'attraction d'Uranus, en l'an 126 de notre ère.

Ces deux dates du 10 août et du 14 novembre ne sont pas les seules remarquables de l'année au point de vue du nombre des étoiles filantes. Nous pourrions leur en ajouter plusieurs autres, notamment celle du 27 novembre. Ce jour-là, en 1872, et de nouveau en 1885, le nombre des étoiles filantes observées a certainement dépassé cent mille. A Rome, où je me trouvais en 1872, l'événement fit grand bruit, et le Pape lui-même n'y resta pas indifférent, car quelques jours après, ayant eu l'honneur d'être reçu au Vatican, les premières paroles que Pie IX m'adressa, furent celles-ci : « *Avez-vous vu la pluie de Danaé?* » Question quelque peu embarrassante au premier moment, surtout posée par un Pape, grand admirateur du Corrège et du Titien.

Cette pluie d'étoiles du 27 novembre 1872 était complètement inattendue. Depuis longtemps, les astronomes avaient perdu une comète dont ils étaient fort inquiets, la comète découverte par Biéla en 1827, et qui, jusqu'en 1846, était revenue ponctuellement tous les six ans et demi, conformément aux prescriptions absolues du calcul. Mais, en 1846, un événement dramatique avait signalé son retour. Dans leur vol excentrique à travers le système solaire, ces étoiles chevelues courent plus d'un danger de la part des attractions planétaires, et, de plus, elles semblent porter dans leur propre sein des germes de destruction. En fait, la comète de Biéla avait été vue, dans la nuit du 13 janvier 1846, se partager en deux morceaux qui s'en allèrent à la dérive dans l'immensité, se séparant lentement l'un de l'autre; c'étaient comme deux comètes-sœurs voyageant de concert, mais s'écartant graduellement l'une de l'autre. Elles s'éloignèrent de la Terre et ne tardèrent pas à disparaître dans la nuit infinie.

On les attendit, on les épia avec un intérêt perplexe, à leur retour suivant (septembre 1852), et on eut la joie de les voir revenir, mais pâles, diffuses, presque évanouies, et séparées à plus de cinq cent mille lieues l'une de l'autre.

Depuis on ne les a plus jamais revues. La comète de Biéla est à jamais perdue, et, réellement elle est détruite. Elle s'est fondue, désagrégée en étoiles filantes. Elle devait traverser l'orbite de la Terre le 27 novembre 1872, et même rencontrer exactement notre planète. On l'a cherchée de toutes parts, même des antipodes où une dépêche européenne avait été spécialement lancée. On a constaté son absence. Mais on a reçu la pluie imprévue d'étoiles filantes dont nous venons de parler, et l'on a reconnu que ces minuscules météores étaient les débris de la comète perdue. L'observation du 27 novembre 1885 est encore venue depuis confirmer irrévocablement cette conclusion.

*
* *

Les étoiles filantes se trouvent ainsi rattachées aux comètes par des liens de parenté si intimes que nous pouvons les identifier avec elles. Elles sont, en général, les débris, la désagrégation des comètes défuntes.

Il semble bien que la vie des comètes ne soit pas de longue durée. Quelques milliers d'années seulement, et peut-être moins encore pour les plus faibles, tandis que la vie d'une planète telle que la Terre, par exemple, peut être évaluée à plusieurs millions d'années, celle d'une planète comme Jupiter à des dizaines de millions, et celle d'un soleil à plus de cent millions. Mais les comètes fantastiques qui ont effrayé la vision émerveillée de nos pères, et qui ont reparu à nos regards, ont certainement beaucoup perdu de leur splendeur. Insensiblement, les comètes s'évaporent, fusent en quelque sorte dans l'éther, et se pulvérisent en étoiles filantes continuant de suivre les mêmes orbites autour du Soleil.

Ainsi, il n'est plus douteux aujourd'hui que

les comètes ne donnent naissance à des essaims d'étoiles filantes, qui s'envolent dans les champs du ciel comme des essaims d'abeilles, en suivant exactement les mêmes routes que les comètes. Mais *toutes* les étoiles filantes ont-elles cette origine? C'est une autre question.

Rien ne prouve, en effet, que toutes les étoiles filantes aient passé par l'état cométaire. L'espace paraît, au contraire, sillonné en tous sens par des matériaux cosmiques, météorites, particules disséminées que la Terre rencontre dans son cours, et un certain nombre d'étoiles filantes, surtout celles qu'on nomme sporadiques et qui ne viennent d'aucun point radiant déterminé et suivent des directions quelconques, peuvent n'être autre chose que ces particules cosmiques voyageant à travers l'immensité et rencontrées par notre planète.

Il est difficile, en effet, de ne pas assimiler aux étoiles filantes les bolides et les uranolithes. Telle étoile filante éclatante peut être appelée bolide, et l'on ne voit pas de ligne de démarcation absolue entre les deux classes.

Tel bolide vu de loin n'est qu'une étoile filante. Il n'est pas très rare, non plus, d'assister à l'explosion d'un bolide, et même d'être assez bien servi par les circonstances pour pouvoir en ramasser les débris précieux. Il ne se passe pas d'année sans que des pierres ne tombent du ciel sur un pays habité (et les neuf dixièmes au moins du globe terrestre sont dépourvus d'habitants) et sans que des témoins oculaires du phénomène ne recueillent ces pierres. Nos musées scientifiques en possèdent des milliers de spécimens.

Tout récemment, le 3 février 1890, il en est tombé un près de Terni, en Italie, devant un groupe de paysans stupéfaits. Le 22 novembre 1886, il en est tombé un en Russie, à Nowo-Urei, *qui renfermait des diamants*. Le 6 avril 1885, à Chandpur (Indoustan), une chute accompagnée d'un coup de tonnerre et d'un éclair, effraya les Indiens qui, voyant descendre du ciel un objet enflammé, se précipitèrent, le trouvèrent enfoncé dans le sol et tout brûlant. Le 7 juillet suivant, un petit aérolithe arriva dans le préau de la prison de

Valle (Espagne), et fut ramassé par les prisonniers. Le 31 janvier 1879, il en est tombé un à Dun-le-Poëlier, dans le département de l'Indre, tout près d'un cultivateur qui se crut mort. Dernièrement encore, le 2 mai 1890, en plein soleil, par un ciel absolument pur, à cinq heures du soir, un bolide assez resplendissant pour dominer la lumière du jour, a traversé le ciel de l'État de Jova (États-Unis), accompagné d'un roulement de tonnerre qui fit sortir tous les habitants de leurs demeures ; puis il éclata comme une immense grenade au-dessus d'un comté assez peuplé, et une pluie de pierres tomba du ciel. On ramassa des morceaux pesant 104 livres anglaises, 70 livres, 10 livres, et un grand nombre de minuscules fragments. Ces morceaux étaient tous anguleux, avec les angles arrondis. Ces pierres sont poreuses, et lorsqu'on les met dans l'eau, on en voit sortir beaucoup d'air. L'analyse chimique y a montré surtout de la silice et de l'oxyde de fer.

* *

Les pierres tombées du ciel ont été classées, par M. Daubrée, en quatre types différents : 1° les holosidères, entièrement composées de fer pur pouvant être forgé directement, échantillons rares; 2° les syssidères, composées d'une pâte de fer dans laquelle il y a des parties pierreuses, ordinairement du péridot, ressemblant à des scories; 3° les sporado-sidères, composées d'une pâte pierreuse dans laquelle le fer, au lieu d'être continu, est disséminé en grenailles : ce sont les plus fréquentes; et 4° les asidères, dans lesquelles il n'y a pas de fer du tout : ce sont les plus rares.

Les chutes de la première catégorie sont très anciennes : les premiers instruments de fer paraissant avoir été faits avec du fer météorique, et il en est encore de même aujourd'hui chez les peuplades primitives. Le mot grec du fer est *sidéros*, sidéral.

Quant aux dimensions, elles présentent toutes les variétés, depuis la véritable poussière, des grains de poudre, des noisettes, des noix, jusqu'à des morceaux énormes pesant plusieurs centaines et plusieurs milliers de kilos. On a vu, à la dernière Exposition universelle, un moulage de l'uranolithe transporté en 1886 de Bahia à Rio de Janeiro : ce fer météorique colossal pèse 5 360 kilos. Non loin du pavillon du Brésil, on pouvait voir aussi, dans celui du Mexique, plusieurs moulages de fers météoriques aussi considérables. M. Nordenskiold a signalé d'autre part, à Ovifak, dans le Groënland, sur le rivage de la mer, toute une série de blocs de fer natif pesant dix, quinze et vingt mille kilos et qui ressemblent absolument, comme constitution et comme structure, aux fers météoriques. Mais ils pourraient bien provenir des entrailles de la Terre; et ici se pose une question assez curieuse.

Comme on ne remarque pas que les uranolithes nous arrivent plutôt aux époques d'averses d'étoiles filantes qu'à d'autres dates de l'année, et que deux fois seulement l'arrivée d'une pierre céleste a coïncidé avec une pluie d'étoiles, il n'est pas probable que ces masses suivent dans l'espace les mêmes orbites que les étoiles filantes. Sans doute, il peut se trouver des étoiles filantes de ces dimensions. Mais rien ne prouve que tous les uranolithes aient cette origine. Au contraire, leur diversité de composition, de densité, de caractères spécifiques et de vitesses semble indiquer une diversité d'origine. Plusieurs astronomes ont pensé aux volcans lunaires. Ils pourraient aussi nous arriver de volcans d'autres planètes, des explosions formidables que l'on observe perpétuellement dans le Soleil, et même ils pourraient venir de la Terre, avoir été lancés autrefois dans l'espace par des volcans très puissants, et retomber seulement maintenant sur nos têtes.

Un projectile lancé de la Lune avec une vitesse initiale de 2360 mètres pendant la première seconde, ne retomberait jamais sur la Lune. Tout corps lancé de la Lune avec cette vitesse maximum et jusqu'à la vitesse minimum de 1668 mètres, pourrait soit atteindre la Terre si sa direction était convenable, soit tourner autour de notre planète comme un satellite. Cette origine, quoique possible, ne peut être que fort rare, parce que les vitesses observées à l'arrivée des bolides sont, en général, beaucoup plus grandes que celles-là. Ainsi, par exemple, le bolide qui a traversé l'Autriche et la France, de l'est à l'ouest, le 5 septembre 1868, n'a mis que dix-sept secondes pour voler du zénith de Belgrade au zénith de Mettray (Indre-et-Loire), et parcourir 1493 kilomètres, ce qui donne 88000 mètres par seconde. Celui du 14 juin 1877, qui éclata entre Bordeaux et Angoulême, à 252000 mètres de hauteur, était arrivé avec la vitesse de 68000 mètres. Quelquefois, cependant, il en est de très lents. Ainsi, le 21 septembre 1890, à Barvenkovo (Russie), un bolide se dirigeant vers le nord marchait si lentement qu'on a pu le suivre de l'œil pendant près d'une minute : il a laissé une traînée qui était encore visible deux heures après son passage. Le 22 mai 1889, un bolide a employé seize secondes pour aller de Bristol à Orléans : la vitesse était encore de 22000 mètres par seconde. Il est très rare que l'on observe des vitesses aussi faibles que celles qui correspondraient à des projectiles lunaires. La vitesse ordinaire est de 30 000 mètres.

De la Terre, un projectile lancé avec une vitesse initiale supérieure à 11 200 mètres, ne retomberait *jamais*. Il voyagerait éternellement, en ligne droite, et avec une vitesse constante, dans l'infini, jusqu'à ce qu'il subisse l'influence d'une autre sphère d'attraction. Lancé avec une vitesse comprise entre 11 200 et 8 000 mètres, il décrirait dans l'espace une courbe fermée, une ellipse très allongée, qu'il pourrait employer des milliers d'années à parcourir. Mais, remarque fort curieuse, ce projectile reviendrait traverser l'orbite terrestre à chacune de ses révolutions, et assurément, ce serait là le meilleur système de bolides préparés pour rencontrer la Terre dans son cours. Or, si l'on réfléchit que les pierres tombées du ciel sont, pour la plupart, identiques aux minéraux constitutifs de notre globe et présentent même des espèces minérales associées de la même manière que dans certaines roches terrestres, mêmes substances, mêmes proportions, mêmes combinaisons, mêmes arrangements, mêmes densités, etc., fer, silice, nickel, péridot, corps simples ou composés identiques, on admettra au moins comme possible que les volcans terrestres de l'époque tertiaire, qui paraissent avoir été bien plus puissants que les modernes, aient lancé dans l'espace des matériaux dans les conditions physiques et mécaniques qui viennent d'être signalées. Il est certain, dans tous les cas, que des uranolithes tombés à des époques différentes ont appartenu à un même gisement, et que ce gisement est analogue à ceux qui existent dans l'intérieur de notre globe.

Rappelons-nous l'éruption récente du Krakotoa, qui a projeté une gerbe volcanique de 20 000 mètres de hauteur; qui a lancé jusqu'à plus de 70 000 mètres les poussières dont la dissémination a produit les merveilleuses illuminations crépusculaires dont toute la Terre a joui pendant plusieurs années; qui a engendré une telle commotion océanique que les vagues de Java se sont transmises jusqu'en Europe, et une telle commotion atmosphérique qu'elle a fait le tour du monde en 35 heures et que tous les baromètres du globe ont baissé à son passage; enfin dont la violence a été si formidable que le bruit de la commotion a été entendu à travers la Terre entière jusqu'aux antipodes du cataclysme! Souvenons-nous de cette éruption fantastique dont le premier effet a été d'emporter 40 000 êtres humains sous une vague de 30 mètres d'épaisseur, et nous concevrons que des volcans terrestres puissent lancer des projectiles dans l'immensité de l'espace et devenir par là une source de météorites.

Il en est de même des volcans des autres planètes, surtout des plus petites, dont l'attraction est moins intense.

Et le Soleil lui-même pourrait, lui aussi, être une source du même ordre. Nous le voyons constamment enveloppé de flammes, hérissé d'explosions fantastiques s'élevant jusqu'à trois et quatre cent mille kilomètres de hauteur. Or, tout projectile lancé du Soleil avec une vitesse initiale supérieure à 430 000 mètres, pourrait arriver jusqu'à nous sous forme d'uranolithe. Les gaz se condenseraient dans l'espace glacé et arriveraient ici à l'état solide.

Chaque étoile étant un soleil, peut donner naissance à des éruptions analogues. Dans ce cas, ces messagers stellaires emploieraient plusieurs millions d'années à nous arriver!

Étoiles filantes, bolides, uranolithes se trouvent ainsi associés et, par les études qu'ils ont suscitées, constituent aujourd'hui l'une des branches les plus importantes de la physique céleste, et l'une des plus fécondes. On a même proposé d'admettre, non sans quelque fondement, que les mondes peuvent, après leur mort, se dissoudre en poussière météorique, et que cette poussière peut ensuite servir à ensemencer de nouveaux mondes.

**

On le voit, l'étoile filante solitaire que la jeune fille contemple en rêvant au ciel nous ouvre des horizons immenses et nous raconte les épisodes de l'histoire de l'univers. Cette pâle étoile, que l'on est tenté d'appeler avec le poète

> Triste larme d'argent du manteau de la nuit,

et à laquelle on pourrait demander aussi :

> Où t'en vas-tu, si belle, à l'heure du silence,
> Tomber comme une perle au sein profond des eaux ?

ce météore fugitif vient de nous transporter en plein cosmos, dans ce laboratoire infini où se jouent les destinées des mondes. Rien ne se crée, rien ne se perd. L'atome imperceptible qui traverse l'éther, et qui ne devient visible à nos yeux que par sa rencontre avec notre atmosphère, arrive des âges les plus reculés de l'histoire de l'univers, et toujours dans l'avenir rencontrera des mondes toujours nouveaux. Éternité ! Infini ! Nos âmes pensantes ne sont-elles pas les étoiles filantes d'un ciel spirituel que nous traversons sans le connaître, vibrant sous ses lois mystérieuses, vivant de désirs et d'espérances, de joies et de regrets, brillant un instant par notre rencontre avec le monde matériel pour rentrer dans l'immensité qui tout absorbe? Il naît et il meurt un être humain par seconde. Autant d'étoiles filantes. Atomes, riens... Mais pour nous, ces riens, c'est tout.

LE MYSTÈRE DE LA CRÉATION

Je revenais de Douvres à Calais avec mon ami Desfontaines, l'auteur du poème *Éros* que tout le monde a lu l'hiver dernier. La mer était calme comme un lac, le ciel bleu s'étendait sur nos têtes parsemé de quelques nuages ; nous promenant sur le pont, nous devisions science et philosophie lorsqu'en voyant se dessiner à l'horizon la silhouette de la ville et de la côte, mon ami ajouta, comme répondant à ses propres pensées :

« O ce Calais, je ne l'ai pas revu depuis le départ de mon oncle, et son souvenir m'est doublement cher...

— Au fait, répliquai-je, vous ne m'avez jamais raconté cette histoire de Calais à laquelle vous avez fait si souvent allusion. Il me semble bien qu'il n'y a pas seulement là un souvenir philosophique, ajoutai-je en remarquant ses yeux humides.

— Double souvenir, reprit-il : mon oncle, avec sa singulière théorie de la création, et... Elle, qui m'avait pris tout mon cœur.

— Eh bien! repris-je, nous avons une bonne demi-heure devant nous. Pourrions-nous mieux l'employer que vous à vous souvenir et moi à vous entendre? »

Nous nous assîmes à l'avant du bateau qui fendait la mer de son doux sillage, et mon ami commença comme il suit son récit.

⁂

L'événement dont je vais vous parler date déjà de loin. Tout passe si vite!

C'était par une soirée d'été analogue à celle d'hier, excitante, orageuse, électrique.

Déjouant comme par caprice la vigilance de son austère famille, elle était venue, l'exquise créature, passer une nuit entière à Calais, ayant affronté pour ces heures rapides une double traversée sous un menaçant ciel d'orage. Peut-être aurais-je dû ne point subir moi-même l'attraction de sa beauté naissante, et ne pas encourager le rêve irréfléchi d'une jeunesse trop ardente. Mais le dernier soir que je passai à Londres, je l'avais quittée avec un tel regret au fond du cœur que notre adieu ne pouvait être réel; en serrant sa main dans la mienne, j'avais senti un lien indissoluble se former tout d'un coup entre cette petite main et tout mon être. J'habitais Calais, pendant les vacances, et (ô témérité de l'amour) l'annonce de sa visite ne surprit point ma pensée, qui depuis mon retour restait attachée à la sienne par une force aussi énergique que mystérieuse. Suggestion! direz-vous. Qui sait?

O nuits enchanteresses! Pourquoi vous envolez-vous si vite! ne laissez-vous pas en nous plus de regrets encore que de bonheur? Pourquoi notre âme altérée d'infini reste-t-elle insatiable, et pourquoi le vide de l'absence est-il si profond lorsque les heures de volupté ont pourtant passé comme un éclair!

Desfontaines avait les regards perdus sur la mer et semblait lancé dans un monologue.

— Quel lyrisme! m'écriai-je en lui frappant sur l'épaule. On s'aperçoit que vous êtes poète!

— Le lendemain, reprit-il, j'avais suivi du haut du phare la marche du navire qui ramenait au bercail l'enfant un instant égarée dans une autre patrie, lorsque je croisai précisément au vestibule mon oncle vénérable le comte de Boë, que j'avais quitté depuis la veille sous prétexte d'un voyage à Paris, et qui venait lui-même au phare, essayer sur la visibilité des côtes anglaises la portée d'une nouvelle lunette. Je n'avais jamais trompé son affection toute paternelle, et je me sentis rougir jusqu'aux oreilles en me trouvant pris comme dans un piège par cette rencontre inattendue. Il savait bien que j'habitais quelquefois, seul, un pavillon éloigné de sa demeure, située au centre de la ville non loin de l'antique maison du duc de Guise. Pourquoi, inutilement, avais-je prétexté un voyage?

— Tiens! fit-il, tu n'es donc pas à Paris?

Et voyant mon insoluble embarras, d'où je n'essayai point de sortir, du reste :

— Tu es amoureux, mon cher neveu, ajouta-t-il en souriant; eh bien, je t'approuve : il n'y a que cela de vrai... et encore!...

— Ah! mon oncle! m'écriai-je, sortant subitement de mon mutisme.

Et sautant à son cou, je lui plantai un gros baiser sur chaque joue.

— Tu sens bon, mais tu parais bien fatigué. Auras-tu la force de monter jusqu'à la lanterne essayer cette lunette avec moi?

Mais au fait; j'y pense, mon cher ami, il me semble que je ne vous ai pas encore présenté mon oncle.

***

En cette année de délicieux souvenir, je voguais dans l'essor de ma trentième année, et le comte de Boë avait atteint la cinquantaine. Cette différence de vingt ans entre nous deux nous avait à la fois séparés et réunis. Doués l'un et l'autre à peu près des mêmes goûts, passionnés pour les mêmes études, nos esprits avaient suivi la même voie scientifique. Mais la supériorité de son âge sur le mien lui avait donné, lorsqu'il avait quarante ans et moi vingt, une autorité morale qui demeurait inattaquable et incontestée. Nous n'étions point parents, en réalité, puisqu'il avait épousé une de mes tantes, veuve elle-même de mon oncle véritable; mais il avait aimé dès les premiers jours à m'appeler son neveu et à recevoir le titre d'oncle.

Son habitation calaisienne était un véritable musée. Une vieille tour, fort spacieuse, composait toutes les pièces. Au rez-de-chaussée, une salle de billard entourée de fossiles fantastiques de l'époque secondaire, trouvés dans les falaises de Calais à Boulogne, et d'animaux empaillés rapportés par les navigateurs; au premier, le salon et la salle à manger donnant sur un petit parc; au second, les chambres, et au troisième, une bibliothèque de trois ou quatre mille volumes; puis un observatoire d'où la vue s'étendait par-dessus la ville jusqu'à la mer.

Il s'occupait avec passion de la science

astronomique, et on lui doit plusieurs découvertes télescopiques importantes.

Nous causions souvent ensemble des grands problèmes de la nature, plus souvent et plus intimement que si nous avions eu le même âge, car il y avait entre nos deux jugements une différence d'appréciation qui donnait beaucoup d'intérêt à nos discussions. Il avait pris l'habitude de me tutoyer affectueusement, peut-être un peu par suite de son origine anversoise. Depuis la mort de sa femme, depuis une dizaine d'années, il vivait entièrement retiré, absolument seul, et on l'appelait à Calais le solitaire de la Tour.

Il était souverainement bon, d'une indulgence absolue pour toutes les faiblesses humaines, avec quelques exceptions cependant, car son âme si noble et si droite avait un véritable sentiment de haine et de mépris pour les hypocrites et les ambitieux qui savent exploiter les hommes au profit de leur intérêt personnel. Ces deux catégories d'êtres lui semblaient une sorte de plaie contagieuse sur le corps de l'humanité : il s'en était toujours garé comme de la gale. Sans orgueil comme sans modestie, il vivait simplement, uniquement consacré à l'étude des sciences exactes. Nul ne connaissait son titre de comte. On ne lui avait vu ni armoiries ni décorations, et il était resté isolé de toutes les assemblées politiques, malgré les nombreux changements de régime auxquels il avait assisté.

Le soir de ce jour inoubliable — inoubliable pour toutes mes sensations — je souhaitais acheter le pardon de mon maladroit subterfuge au prix d'un reproche ou d'une critique; mais mon attente fut complètement déçue. Pas la plus légère allusion à mon absence. Je dus me résoudre à ouvrir le feu le premier.

⁎

— Ce matin, mon oncle, vous m'avez fait de la peine.

— Oh! oh! mon ami. Je vois que tu n'as pas perdu l'esprit. Ainsi, vraiment, c'est moi qui suis coupable?

— Oui. Vous avez dit : Et encore!...

— Et encore quoi ?

— Je m'en souviens bien. Vous avez dit : il n'y a que cela de vrai, l'amour, et encore !...

Vous aviez un air d'indifférence, de scepticisme ! Voyons, mon oncle, vous n'êtes pas d'un âge... à tout dédaigner.

— Oh ! reprit-il, c'est là un sujet de conversation que nous avons déjà entamé bien des fois et que nous n'avons jamais terminé, parce que...

Ici le comte de Boë s'arrêta net en me regardant fixement.

— Parce que ? essayai-je timidement.

— Parce que c'est trop sérieux pour ton âge. Si tu veux, nous reparlerons de cela dans quelques années.

— Alors, je compris seulement que dans sa phrase les mots « et encore » avaient beaucoup plus d'importance que tous les autres et qu'ils exprimaient à vrai dire, comme je m'en étais déjà aperçu, tout le fond de sa philosophie.

En effet, s'agissait-il des connaissances acquises dans l'une quelconque des branches de la science humaine, il n'était pas rare qu'il ajoutât ces deux mots en manière de péroraison définitive. Exemples :

« L'Astronomie est la première des sciences. C'est la seule qui nous apprenne ce que c'est que l'Univers, qui nous montre où nous sommes... Et encore ! »

« L'homme n'est qu'un animal perfectionné... Et encore !... »

Ou bien des maximes du genre de celles-ci :

« Le patriotisme est la première vertu d'un peuple... Et encore !... »

« Les Orientaux ont tort d'ériger en droit la polygamie... Et encore !... »

J'avais pris jusqu'alors cette locution pour un simple sourire de scepticisme, comme s'il avait simplement ajouté, à la façon du lazzarone napolitain : *Chi lo sa?* Mais l'intonation de sa voix, la gravité de son regard fixé sur le mien et peut-être surtout le contraste absolu entre le doux cantique d'amour qui se chantait dans mon cœur, entre la sensation si fraîche des caresses encore palpitantes de tout mon être et la solennité de la réponse que je venais d'entendre, tout cela me frappa si fort, que j'ajoutai aussi vite, et quoique un peu tristement :

« Je n'ai jamais été, mon cher oncle, si bien préparé que ce soir à une conversation sérieuse.

— Eh bien ! reprit-il, si tu y tiens, je vais tout de suite te faire ma profession de foi. Ce ne sera pas long. Et encore !... C'est presque trop. »

Puis, me versant un verre de champagne en carafe glacée, il se décida à parler.

***

« Combien le ciel est beau quand il est entièrement pur ! Quel azur profond ! Quelle limpidité ! Quelle transparence, quelle calme splendeur !

« Mais un courant froid, un léger refroidissement, un rien, vient-il à passer à travers cette atmosphère transparente, aussitôt la vapeur d'eau invisible qu'elle contenait devient visible et forme un nuage : il n'y a rien de plus après qu'avant. La température seule a changé. Au lieu du ciel pur, sans bornes, immense comme l'infini, nous avons des nuages.

« Sais-tu ce que c'est que la création ? C'est un nuage, une nébulosité, un trouble passager dans l'éternelle splendeur de Dieu.

« Aucune observation scientifique ne permet d'affirmer que la création ait toujours existé ni qu'elle durera toujours.

« Au contraire, tout nous conduit à penser qu'elle a commencé et qu'elle finira.

« Terres, eaux, nuages, prairies, forêts, paysages, lune, étoiles, planètes, soleils, tout ce que nous voyons dans l'Univers se trouve n'être qu'un état exceptionnel, transitoire, émanant d'un état supérieur, c'est-à-dire un trouble, comme un nuage au milieu d'un ciel qui aurait pu rester perpétuellement azuré.

« Tous les corps que nous voyons, que nous touchons sont formés d'atomes invisibles et intangibles. L'Univers visible n'est que l'apparence passagère d'un état dans l'Univers invisible, infini, éternel.

« La planète a produit des minéraux, des

plantes, des fleurs, des arbres, des insectes, des êtres. Le développement graduel et progressif de la vie terrestre a donné naissance au genre humain. Les hommes vivent, pensent, agissent, étudient, analysent, creusent les causes, apprécient la nature, cherchent à mettre de la logique, de la raison dans ce qu'ils voient. Si nous n'existions pas, la terre tournerait autour du soleil comme elle le fait. Que les hommes édifient des hypothèses ou demeurent inactifs, il n'en est ni plus ni moins. Pensez, ne pensez pas; aimez, n'aimez pas; vivez, ne vivez pas; soyez intelligent ou idiot, bon ou méchant, beau ou laid, jeune ou vieux; agitez-vous sur la place publique ou dormez sous l'herbe du cimetière, cela ne fait rien. La création n'aura duré qu'un moment dans l'éternité sans commencement et sans fin. Il y eut un temps où le ciel était pur, où il n'y avait rien. Le moment reviendra où *il n'y aura plus rien*. Et aujourd'hui, il n'y en a pas davantage, sinon une apparence, un nuage, un trouble dans l'azur divin, qui aurait pu rester immaculé.

« Ainsi, ne cherchez pas. La création aurait pu ne pas être. Elle aurait pu être autrement. Ne vous tourmentez pas, vous n'êtes rien qu'un trouble éphémère. Buée formée dans l'éternel azur par un souffle du destin. Frisson qui passe. Moins encore.

« Et le destin, Dieu, c'est l'inconcevable.

« Voilà pourquoi il n'y a pas de logique dans les choses, pourquoi tout est bizarre et incohérent, pourquoi les mères perdent leurs enfants, pourquoi il y a des orphelins, pourquoi Philippe II sur le trône se donne des fêtes en brûlant les hérétiques, pourquoi la force brutale prime le droit de la conscience, pourquoi l'innocent et le vertueux gémissent dans la misère, pourquoi on a dû inventer le diable, pourquoi on voit tant d'injustices, de sottises et d'inutilités, pourquoi nous avons mal aux dents, pourquoi le militarisme mène le monde. Ce n'est même pas absurde, c'est insignifiant, cela *n'a pas de sens.* »

**

Ainsi parla l'astronome solitaire, avec un

sentiment d'absolue conviction, qui semblait n'admettre aucune réplique. La nouveauté, la hardiesse de cette hypothèse me frappèrent brusquement comme le choc d'un coup de marteau qui aurait fait trembler tout mon cerveau dans mon crâne. L'idée que l'état de choses actuel n'a aucun sens, aucun but, aucune valeur me parut aussi désagréable qu'insoutenable; mais l'idée que cet état de choses peut être un accident, une erreur, un trouble dans le ciel éternel, pur et vide avant comme après la durée de cet accident, et qu'avant cette création il n'y avait rien, et qu'après elle il n'y aura plus rien, et que la durée de cette création aura passé comme un rêve dans le néant absolu, me révolta jusqu'au fond de mon être. Pourtant je ne trouvais aucune objection scientifique sérieuse à opposer à cette témérité.

— Alors! m'écriai-je, il n'y aurait rien avant, rien après, rien pendant! Car enfin, ce trouble une fois passé, l'œil le plus perspicace ne verrait plus rien, la condensation des atomes cosmiques ayant cessé, la transparence absolue était revenue. Rien, répétai-je. Peut-on admettre l'existence de rien ?

— Mais, répliqua l'astronome, ce rien, c'est tout. Ne juge pas avec les yeux du corps. Vois avec les yeux de l'esprit. Si, au lieu de nos yeux, la nature nous avait doués d'organes différents non accessibles aux rayons lumineux, mais accessibles à d'autres impressions, nous aurions de l'Univers une tout autre idée que celle que nous en avons. Ne crois ni au témoignage de tes yeux ni à celui de tes mains.

L'Univers visible est — en ce moment même — uniquement formé d'éléments invisibles, impondérables en eux-mêmes, intangibles. Il n'y a que des forces immatérielles. La matière est un mot.

— Ainsi nous...

— Nous sommes tous simplement des esprits, des substances divines.

Je ne sais pourquoi à cette définition de mon oncle, l'image de ma charmante amie passa subitement dans ma pensée. Il me sembla que ses yeux si caressants s'arrêtaient doucement sur les miens et que sa petite bouche s'entr'ouvrait légèrement pour me montrer ses dents encadrées de rose. « Substance divine, pensai-je, ah oui... Pourtant!... »

Sans doute un fugitif sourire effleura-t-il mes lèvres. « Je suis sûr, ajouta le philosophe, je suis sûr que tu en es encore à t'imaginer que c'est ton corps qui jouit ou qui souffre, qui ressent les impressions agréables ou désagréables.

— Mais il me semble...

— Oui, il te semble, quand tu bois ce verre de champagne et quand tu manges ces pêches, que cela fait grand plaisir à ton palais; quand on te marche sur le pied, que tu as mal au pied, quand tu entends comme l'autre soir à Londres la sérénade de *Severo Torelli*, que ton oreille est charmée. Tu en es encore là ! Eh bien ! non. Ce n'est pas du tout ainsi que nous jouissons. Qu'on nous coupe le nerf qui transmet au cerveau, à la glande pinéale, les impressions parties d'un point quelconque de notre corps, des pieds, des mains ou d'ailleurs, et nous ne sentirons absolument rien, les pêches n'auront plus de saveur, les fleurs seront sans parfum, la musique restera silencieuse, le soleil restera invisible, les mains seront incaressantes, et tu pourras te plonger les pieds dans la flamme du brasier sans rien ressentir. Au surplus, il suffit de t'anesthésier le cerveau, par une simple suggestion d'ailleurs, pour que toutes tes impressions changent instantanément de caractère : on te fera prendre de l'aloès pour des fraises. C'est l'esprit, l'esprit seul, qui sent. Souviens-toi de tes rêves : tu parles, tu entends, tu vois, tu touches, et pourtant il n'y a rien.

« La création est un rêve. »

***

A cet instant le carillon de la vieille tour se mit à chanter, et sur la cloche antique du beffroi dix coups sonores furent lentement frappés.

— Voilà l'image de la nature, ajouta le comte, un bruit qui s'envole, un chant qui passe, un son éphémère dans le silence éternel. Quand l'humanité terrestre aura fini son carillon d'une harmonie douteuse, il n'en restera rien. Gloires, triomphes, fanfares de l'histoire des peuples, tout sera éteint pour faire place au silence primordial.

— Ainsi, repris-je en me levant de table pour ma promenade du soir au bord de la mer, votre philosophie se résume à penser que la création dont nous faisons partie est un état de trouble éphémère dans l'éternel Nirvâna, qu'il n'y a ni but, ni raison, ni logique dans la nature, et que les savants sont dans l'erreur en cherchant à expliquer une énigme qui n'en est pas une et qui n'a aucun sens. »

⁂

La mer calmée s'étendait comme un miroir sous le ciel magnifiquement étoilé. En arrivant sur la jetée, je rencontrai notre ancien camarade Spero qui prenait le bateau de nuit pour Douvres. Le lendemain, j'accourais vers ma bien-aimée.

« Je t'aimerai toujours, fit-elle dès que nous fûmes un instant seuls ; l'éternité ne sera pas assez longue pour te prouver mon amour. »

J'avais presque oublié le discours de mon oncle. Mais elle accentua si expressément le mot *toujours*, que soudain les idées de la veille me revinrent à l'esprit.

— Toujours! répondis-je en la serrant dans mes bras. Ne sera-ce pas un peu long?

— Non, pour moi. Ne pensez-vous donc pas que l'on puisse s'aimer toujours?

— Mais nous ne vivrons pas toujours!

— Ah! vous croyez à la mort? Moi, *je n'y crois pas.* »

* *

Hélas! comme vous le savez, la pauvre enfant mourait quelques jours après, endormie du dernier sommeil par un énorme bouquet de lys qu'elle s'était mise à peindre et qu'elle avait laissé dans sa mignonne petite chambre.

* *

Voilà, mon cher, ajouta Desfontaines, toute mon histoire de Calais. Pendant longtemps ma pensée flotta entre l'image si délicieuse de cette belle jeune fille, qui semblait être le symbole de la vie éternelle, et la philosophie du comte de Boë, qui symbolisait au contraire le nihilisme absolu. Elle ne voulait pas, elle ne pouvait pas croire à la mort. C'est son cher souvenir qui l'a emporté. Je m'imagine qu'elle vit toujours et que je la reverrai. Il me semble maintenant que la création n'est pas un trouble, mais une harmonie dont nous ne pouvons entendre que quelques notes éparses et que nous ne comprenons pas. L'amour voit peut-être plus juste et plus loin que la raison. Pourtant, je ne regrette pas de vous avoir raconté la théorie si primesautière de l'astronome de Calais; elle est à coup sûr originale et digne de discussion.

*
* *

Et moi, à mon tour, chers lecteurs, j'ai rapporté cette histoire à titre d'excursion dans les domaines inexplorés du grand mystère cosmographique. Il serait curieux d'admettre que rien n'existe, si ce n'est la visibilité de l'invisible! Mais je partage l'opinion de mon compagnon de voyage et j'aime mieux penser que la création est réelle, logique, rationnelle, vivante, harmonieuse, éternelle dans le passé comme dans l'avenir.

A TRAVERS LES AGES

LES ARÈNES DE PARIS

C'était au temps de l'empereur Tétricus. Les Légionnaires romains, revêtus de leurs brillantes armures, descendaient, sous les rayons d'un ardent soleil, les pentes encore boisées du mont Lucotitius, se dirigeant vers les arènes où déjà avait pris place la fourmillante population des Gaulois. Dans les loges dominant le podium, quelques sénateurs, assis à l'ombre du velum de pourpre, s'entretenaient des dernières nouvelles de Rome, et dans l'arène les gladiateurs venaient saluer une statuette portative de Vénus placée au centre du cirque avant l'ouverture des jeux. La Bièvre, dans laquelle circulaient des castors, paraissant apprivoisés, se jetait dans la Seine au pied de la montagne, et le fleuve roulait tranquillement ses eaux vers l'île de Lutèce; l'autel de Jupiter élevé du temps de Tibère par les bateliers parisiens sur l'emplacement de l'ancien temple druidique, au lieu illustré depuis le christianisme par Notre-Dame, se détachait en blanc sur le fond vert du bosquet voisin, et au loin, au delà des villas du nord, sur la colline crayeuse, on distinguait les deux petits temples de Mars et de Mercure. Un beau soleil d'été éclairait la cité gauloise singulièrement transformée par Rome. Jules César était déjà loin dans le souvenir des hommes, car trois cent vingt-six ans s'étaient écoulés depuis le jour où le Dictateur était venu convoquer à Lutèce l'assemblée des Gaulois préparés à marcher contre la cité de Sens, alors capitale de la région; on commençait à entendre parler de Jésus-Christ, dont le culte avait à peine dépassé Lyon; mais ce qui préoccupait le plus l'opinion publique, c'étaient les menaces incessantes et insolentes des Francs, qui, récemment refoulés chez eux, sur la rive droite du Rhin, par les dernières victoires de Posthumus, avaient repris courage depuis la mort de leur vainqueur et recommençaient leurs ravages dans tout l'est de la Gaule. On se disait que Tétricus, gouverneur de la Gaule, plutôt qu'empereur, avait invité Aurélien à venir de Rome pour rejeter définitivement au delà du Rhin les barbares de la Germanie, et l'on s'attendait à quelque nouvelle guerre effroyable.

*
* *

Aussi, les spectateurs ne donnaient-ils qu'une attention distraite aux combats de gladiateurs, lorsque sur le sommet des gradins on vit tout à coup apparaître un homme de haute taille, vêtu à la façon des anciens druides, lequel, non pas en latin, mais en langue celtique, apostropha de la sorte ses plus proches voisins et, dans l'étonnement général, le cirque tout entier : « Habitants de Lutèce, vous êtes tous animés du plus ardent patriotisme, mais Lutèce n'est pas éternelle, et avant deux siècles elle aura changé de nom ! Gaulois, mes frères, vous combattez vaillamment pour affirmer votre supériorité, mais la Gaule ne durera pas plus longtemps que Lutèce, et notre nationalité tombera comme notre religion est tombée ! Romains qui dominez le monde, vous portez haut vos étendards et vous faites fumer l'encens sur vos autels ; mais dans quelques siècles seulement, ni vous ni vos dieux n'existeront plus ! Et vous, campagnes solitaires, rives silencieuses ombragées par le tremblant feuillage des saules, vertes prairies couvertes de troupeaux, collines et vallées, champs et bois, tous vous allez disparaître sous une immense cité dont la gloire fera pâlir celle de Rome et d'Athènes, et dont le sceptre puissant dominera toutes ses aînées de la Gaule, s'étendant jusqu'au delà de Lyon, Nîmes et Marseille ! Tout ce que vous voyez n'est qu'apparence. Tout ce que vous pensez est faux. Le vrai, c'est l'inconnu. »

Une huée immense et formidable couvrit ces dernières paroles, et des soldats romains se précipitaient déjà sur le prophète, lorsqu'une femme, sortie des rangs populaires, les arrêta d'un geste. C'était une sorcière, une sorte de somnambule de l'époque, que le chef de ces soldats avait précisément consultée la veille et devant laquelle il recula avec ses compagnons.

« Il a raison, fit-elle, en se rapprochant du druide. Nos invocations aux mânes de nos pères valent mieux que vos livres sibyllins. Lutetia va disparaître et effacera son nom devant celui de la cité des Parisiens; la Gaule va disparaître pour faire place à la France; vos dieux vont disparaître pour céder leurs temples aux églises des chrétiens. Le jour viendra où nos descendants passant ici retrouveront ces arènes et ce théâtre de bouffons ensevelis sous la poussière des siècles et se demanderont si nous avons vécu. »

Pendant qu'elle parlait, le prophète avait disparu. Elle reprit sa place sur les gradins qu'elle avait quittés, et les soldats descendirent le vomitorium pour revenir reprendre la leur. Le tumulte qui s'était élevé s'apaisa : un lion magnifique, récemment envoyé des colonies d'Afrique, venait de faire son entrée, et pour clore le spectacle, se ruait sur un condamné à mort amené dans l'arène.

★
★ ★

Seize siècles ont passé. Constance Chlore a élevé le palais des Thermes; Julien, Clovis, Charlemagne, saint Louis, Philippe-Auguste ont, tour à tour, transformé et développé Lutèce devenue capitale. Louis XI, François Ier, Henri IV ont imprimé des physionomies diverses à l'aspect de la France, les royaumes et les empires se sont succédé, les dynasties ont grandi et décliné, les révolutions ont nivelé. Louis XIV a préparé Louis XVI, Robespierre a annoncé Napoléon, Waterloo a effacé Austerlitz et, de nos jours, en moins d'un siècle, deux dynasties royales, deux dynasties impériales et trois républiques ont laissé sur le sol de Paris les traces de leur passage.

Les arènes antiques ont disparu sous la succession des générations humaines; les vignes de l'abbaye de Saint-Victor, les couvents qui succédèrent à l'abbaye, les habitations diverses ont occupé tour à tour leur emplacement, suivant les vicissitudes des choses. Les historiens et les antiquaires ont perdu jusqu'au souvenir de leur existence, et naguère encore le nom même du « clos des arènes », laissé à ces terrains comme une épave de naufrages anciens, était discuté et contesté.

Comme je rêvais, pensif, assis sur l'herbe qui recouvre les anciens degrés de l'amphithéâtre, songeant aux siècles évanouis, distrait seulement par un nid de moineaux dans lequel quatre petits sans plumes piaillaient avec des becs démesurément ouverts, chaque fois que le père et la mère leur apportaient la becquée, il me sembla que la dynastie des moineaux, qui, depuis deux mille ans et davantage peut-être, n'a pas cessé de régner, de chanter, de pondre, de couver et de se perpétuer en ce coin de Paris, serait mieux en droit que quelque humain que ce fût, de se considérer comme légitime propriétaire de ce sol sur lequel tant de locataires différents se sont succédé sans rien laisser. Et je songeais que, si deux rossignols du parc de Chantilly pouvaient discuter entre eux, dans leur charmant langage, les titres de propriété de ce domaine, ils n'arriveraient certainement jamais à concevoir que la propriété n'est pas à eux, mais à un monsieur qui s'appelait hier X, s'appelle aujourd'hui Y, et s'appellera demain Z. Pourtant il y avait à mes pieds cinq squelettes qui me regardaient avec une singulière contraction de mâchoires.

***

Cinq squelettes entiers, admirablement conservés de la tête aux pieds, récemment mis au jour par le déblaiement du sol des arènes, cinq squelettes de Gaulois dans la force de l'âge. Depuis quinze siècles peut-être, ou davantage, ils dorment sous les bruits de la grande ville, dans la nuit de la terre qui les oppressait. Sur eux ont passé les générations, les événements, les incohérences de l'histoire. Sur eux des couvents ont chanté des litanies; sur eux des jardins ont fleuri, des enfants ont joué les jeux de l'insouciance, des arbres ont grandi, des oiseaux ont chanté; sur eux des demeures furent bâties et des générations ont vécu; sur eux, au milieu des vignes, Abeilard donna au peuple des étudiants de Paris ses éloquentes conférences, sur eux vint s'asseoir le Dante, errant déjà chez les vivants comme chez des morts; sur eux Descartes et Pascal rêvèrent à l'insondable problème de nos destinées; sur eux les bourgeois acclamèrent l'arrivée d'Henri IV; sur eux 93 dansa la carmagnole, sur eux ont passé, de siècle en siècle, tous les âges de notre histoire. Ils sont là, étendus, semblant dormir. Mais pourtant ils parlent mieux que tous les vivants de la fugacité des choses, de la rapidité avec laquelle passent les peuples, emportés dans la vie comme des tourbillons de poussière sur les routes.

L'un d'eux a la bouche ouverte, et si démesurément, que j'ai pu plonger ma main demi-fermée entre ses deux mâchoires, dont l'écartement fantastique s'élève à 46 millimètres.

Un autre a la tête tournée vers la droite et le bras droit relevé et replié; la main sous le crâne, le coude en haut comme pour se garantir contre la terre sous laquelle il aurait été étouffé.

Il est impossible de les examiner l'un et l'autre sans éprouver le sentiment qu'on est en présence de quelque drame épouvantable.

Ce qui complique leur situation, c'est qu'ils sont enterrés deux à deux, probablement un mort avec un vivant, car dans chacun des deux couples, le squelette de gauche paraît calme, tandis que celui de droite montre, l'un la bouche démesurément ouverte, l'autre le bras levé dans le geste de garantir sa tête retournée. Le cinquième squelette est enterré seul. On en a retrouvé quinze autres encore, et rien ne prouve que l'exhumation archéologique soit finie. Aucune trace de cercueils; plusieurs squelettes associés par couples, et plusieurs arrêtés dans une convulsion suprême.

Quels étaient ces hommes, ces frères de notre race, ces aïeux depuis si longtemps endormis ? Cent conjectures s'offraient à l'imagination de l'historien. Dans le silence des cloîtres, dans les couvents de la féodalité, bien des *in pace* se sont fermés sur des enterrés vivants. Aux portes de Paris, dans tous les âges, bien des crimes ont été commis. Au temps où les jeux du cirque amenaient en face des lions et des panthères, des gladiateurs, des prisonniers, des condamnés, des chrétiens, plus d'un a laissé sa dépouille non loin du lieu du supplice. L'histoire de France comme l'histoire de tous les peuples n'est-elle pas l'histoire de la barbarie ? Souvenons-nous du premier et de l'un des plus illustres de nos rois, de Clovis, le fondateur de la monarchie française ; souvenons-nous qu'après avoir tué Syagrius, roi païen de Soissons, Alaric, roi chrétien, mais arien, des Visigoths, et fait assassiner Sigebert, roi des Francs Ripuaires par son propre fils Cloderic, il fit poignarder Cloderic lui-même, puis Chararic, roi des Francs de Thérouanne, ainsi que son fils, puis Rignomer, roi du Mans, et que, comme il lui restait encore deux parents gênants,

Ragnacaire, roi de Cambrai, et son frère Ricaire, il sut les attirer dans un guet-apens et leur fendit la tête d'un bon coup de hache en leur reprochant de s'être laissés prendre, après quoi, dit-on, saisi de remords, il se serait écrié : « Malheur à moi qui suis resté seul comme un voyageur parmi des étrangers et qui n'ai plus de parents qui puissent, en cas d'adversité, me prêter leur appui!... » Le brave homme!... — Souvenons-nous aussi des rois très chrétiens Childebert et Clotaire, ne trouvant rien de plus sûr à faire, pour n'avoir pas à partager le royaume, que de demander eux-mêmes leurs neveux encore enfants à leur grand'mère Clotilde et de les poignarder de leurs propres mains; souvenons-nous de Frédégonde et de Brunehaut et de tous les drames de cette période de notre histoire, et nous ne serons plus surpris de penser que le sous-sol de Paris soit une vaste hécatombe de victimes.

.⁎.

Pourtant, ces squelettes des arènes semblent des témoignages d'un autre ordre, et sans doute ce ne sont là ni des victimes royales ni des martyrs chrétiens. Trois faits peuvent être remarqués : ils ont été enterrés deux à deux, et simultanément; ils sont orientés la tête à l'ouest; ils ont une grosse pierre à leurs pieds. Or le même cas s'est déjà présenté dans les cimetières gaulois fouillés par les archéologues, notamment dans le département de la Marne et à Alstadt. Mais pourquoi et comment ce vivant enterré à côté d'un mort? Si c'était une femme, on pourrait peut-être invoquer des coutumes barbares analogues à celles des Indes; mais il ne semble pas que dans nos contrées, où l'intelligence des femmes ne paraît pas avoir jamais été inférieure à celle de leurs « maîtres », de telles mœurs aient jamais eu la moindre chance de succès... au contraire. Et puis, d'ailleurs, ces compagnons de la tombe ne sont pas des femmes. A-t-on quelque souvenir historique que des hommes aient été mis à mort pour suivre un ami dans l'autre monde?... Oui.

Ouvrons les commentaires de César, au livre III, ch. XXII. Nous y lisons : « Les Gaulois se lient entre eux par serments. En vertu de ces vœux, ils partagent tous les avantages dont jouissent pendant leur vie les chefs avec lesquels ils se sont unis; et si ces derniers sont victimes de violence, ils s'associent aux mêmes dangers en se donnant la mort, et on ne peut se souvenir qu'un seul d'entre eux ait refusé de mourir quand l'homme auquel il s'était voué était mort lui-même. »

« Pomponius Mela tient le même langage : « Il y en a, dit-il, qui se placent volontairement sur le bûcher de leurs amis, comme devant continuer à vivre ensemble. Leur croyance en l'immortalité est si absolue, dit-il ailleurs, que le règlement de certaines affaires et même le remboursement des créances est souvent remis aux enfers. » Valère Maxime nous apporte le même témoignage : « Après avoir quitté Marseille, nous dit-il, je trouvai en vigueur cette ancienne coutume des Gaulois, qui ont institué, comme on le sait, de se prêter mutuellement de l'argent à se restituer dans les enfers, car ils sont persuadés que les âmes des hommes sont immortelles. »

Posidonius, qui avait visité la Gaule avant César et qui la connaissait mieux que le conquérant, nous a laissé à cet égard des informations curieuses. Si un Gaulois en danger de mort avait besoin de vivre pour sa famille ou pour la patrie, il trouvait facilement un remplaçant qui se faisait tuer gaiement à sa place. « Celui-ci arrivait bientôt, écrit Jean Reynaud, accompagné d'une troupe d'amis, et, stipulant pour prix de sa peine une certaine somme d'argent, il la distribuait lui-même en souvenir d'adieux à ses compagnons. Souvent même, il s'agissait tout simplement d'un tonneau de vin, on dressait une estrade, on improvisait une sorte de fête, puis, le banquet terminé, notre héros se couchait sur son bouclier et se faisant trancher les liens du corps, prenait son essor vers l'autre monde. Ce n'était pas une affaire; devant cette rupture qui barre le chemin et qui, perdue dans le nuage, effraye tant de gens dont l'imagination timide craint un abîme, le Gaulois mieux avisé, sachant qu'il ne s'agissait que d'un fossé, s'élançait en souriant sur l'autre bord et continuait sa route. »

On trouve souvent auprès des morts des restes de victuailles et des vases déposés à leur portée comme viatique du grand voyage. On les chargeait aussi quelquefois de commissions pour les parents décédés depuis longtemps.

Ici, malheureusement, dans les fouilles des arènes, on n'a trouvé ni vases ni ornements, ni monnaies ni aucune trace de cercueils ou de sarcophages, de sorte que la date de ces inhumations reste fort indécise. « Si j'avais seulement un fragment de vase, me disait hier Henri du Cleuziou, je pourrais certainement indiquer le siècle; mais ces inhumations, tout en étant incontestablement gauloises, peuvent être antérieures aux arènes aussi bien que postérieures. » Du Cleuziou serait plutôt porté à les considérer comme antérieures. Pour moi, je les croirais plus récentes, d'abord parce qu'elles sont justement un peu au-dessous de l'ancien niveau de l'arène, exactement comme si on avait creusé des fosses dans ce niveau, tandis qu'antérieurement à la construction des arènes, la pente de la colline passait à plusieurs mètres plus haut; ensuite, parce que les terres qui surplombent ces inhumations sont des terres rapportées (j'y ai trouvé des coquilles d'escargots de vignes et de colimaçons, des cailloux, des débris de feux, charbons et cendres).

Selon toute probabilité, ce sont là des squelettes de Gaulois, enterrés dans le sol même, selon les rites druidiques, dans les premiers temps de la monarchie franque. Mais ils se taisent et restent muets sur leur histoire.

*
* *

O vous qui dormez depuis tant de siècles sous le sol foulé par les sicambres de Clovis, vous qui sans doute étiez déjà là le jour où, frappant du pied la terre où vous gissiez, le roi barbare lança de toute la force de son bras nerveux sa framée sur le point où le Dieu de Clotilde lui demandait un temple, levez-vous de vos sépulcres d'argile et racontez-nous les antiques combats dont vous fûtes les héros et les victimes. Réveillez-vous à la lumière de ce même soleil qui vous éclaira, rappelez vos souvenirs et dites-nous sous quelles mains vous avez succombé! Pourquoi êtes-vous là, et pourquoi vous retrouvons-nous ? Les cendres de César, de Vercingétorix, d'Auguste, de Tibère, de Sabinus, de Julien, de Clovis, de saint Louis n'existent plus; mais vous, les témoins de ces siècles antiques, vous êtes là devant nous pour nous parler des événements disparus, et vous restez muets et immobiles à nos pieds. Vous ne sentez ni le soleil de juin qui vous chauffe, ni la pluie d'orage qui tombe dans vos yeux cave et lave vos ossements blanchis, ni le colimaçon qui glisse le long de vos dents si admirablement conservées. Eh! à quoi bon vous réveiller! Si vous pouviez parler, nous ne vous comprendrions pas. C'est vous qui seriez vivants, et c'est nous qui serions morts. Car vous existeriez, contemporains de votre siècle, et nous, fils d'un autre âge, qu'il vous soit futur ou passé, nous n'entendrions pas votre langue, nous ne vivrions pas de votre vie, à notre tour nous vous serions étrangers. Nous vous resterions sourds comme vous nous restez muets !

En effet, lequel d'entre nous pourrait comprendre la langue parlée à Paris au Ve siècle de notre ère, au VIe, au VIIe et même au Xe ? En moins de dix siècles, en un laps de temps que dix centenaires consécutifs auraient vu, la langue d'un même peuple est entièrement transformée : le dixième de ces centenaires ne serait pas capable de lire une page écrite par le premier. Charlemagne ressuscitant de nos jours sur le boulevard des Italiens et demandant son chemin pour se rendre à Notre-Dame ne serait pas compris d'un seul Français. Errant dans Paris, d'ailleurs, il ne reconnaîtrait lui-même aucun aspect, aucune rue, aucun édifice. En quelques siècles tout se transforme. Et nous croyons les nations éternelles !

Qu'un archéologue des âges futurs retrouve nos os vers l'an 2900, nous étiquette à son tour et nous transporte avec tous les soins nécessaires pour ne pas nous casser dans un nouveau musée Carnavalet, et que nos restes puissent entendre les conversations qui se tiendraient autour de nous, il nous serait absolument impossible d'y rien comprendre, car on ne parlera plus français à Paris.

C'est la loi des choses. Les langues se transforment comme les êtres, comme les idées, comme les peuples. En mille ans seulement, tout s'est insensiblement mais complètement modifié. Et qu'est-ce que mille ans dans l'histoire de la nature ? La houille qui nourrit les foyers de l'industrie moderne, la houille d'où nous tirons le gaz qui nous éclaire, a été formée par l'entassement des forêts primaires à une époque où les saisons n'existaient pas encore sur notre planète et où la température était la même aux pôles qu'à l'équateur. Cette époque primaire, pendant laquelle la France était encore presque tout entière en formation au fond des eaux, et depuis laquelle la mer a plusieurs fois tour à tour envahi et quitté les terrains sur lesquels Paris rayonne aujourd'hui, est incontestablement antérieure à la nôtre de *plusieurs millions d'années*. En face de ces durées, dix mille ans ne représentent pas une heure de notre vie; cent mille ans ne représentent pas un jour. Pourtant nous constatons qu'il y a dix mille ans, aucun indice ne pouvait faire soupçonner la création future de Paris sur les bords de la Seine, alors déserte et solitaire dans son cours au milieu des bois, et nous sentons que dans dix mille ans Paris n'existera pas plus que n'existent Ninive, Babylone, Thèbes, Memphis. Nous sentons que la France n'existera plus en tant que France, pas plus que l'Angleterre, l'Allemagne, l'Espagne ou l'Italie, qu'aucune des langues actuelles ne sera parlée, qu'aucun des drapeaux actuels ne sera arboré.

*
* *

Tel est le langage que me tenaient les squelettes des arènes de Paris, dans leur silence plus éloquent que toute langue parlée. Ils me disaient : « Tout passe vite, tout a passé, tout passera. On vit peu, et l'on est beaucoup plus longtemps mort que vivant. Mais ce que vous appelez mort, comme ce que vous appelez vie, n'est qu'apparence. Éternelle métamorphose dans l'universel devenir ! Nous sommes morts avec la Gaule. Pourtant, voyez : sur nos tombes la rose fleurit, l'oiseau chante, les nids s'emplissent de murmures, le penseur rêve et contemple, le soleil répand sa vivifiante lumière, la nature éternelle continue son œuvre. Vos yeux de chair ne voient pas ce qui est. Aspects, formes, mirages sont fugitifs et passagers ; ce qui demeure, ce qui vit, ce qui régit le monde, c'est l'invisible. Ne vivez point par les sens : vivez par l'esprit. »

LA MOMIE (*)

Une émotion suprême arrêta les conversations sur les lèvres, suspendit le souffle dans les poitrines, et les palpitations des cœurs se précipitèrent intermittentes lorsque l'égyptologue penché sur le linceul lut en caractères irrécusables le nom flamboyant de Sésostris, roi des dieux et des hommes, pharaon contemporain de Moïse, qui depuis trois mille trois cents ans dormait là son dernier sommeil. Sur le couvercle en bois du cercueil, on avait déjà déchiffré le nom royal dans le procès-verbal de l'embaumement écrit par le grand prêtre, mais la légende du linceul dissipait la

(*) La momie de Sésostris, retrouvée le 1ᵉʳ juin 1886 par M. Maspéro, à Deir-el-Bahari.

dernière incertitude. On souleva ce linceul avec précaution ; au-dessous, une large bande d'étoffe enveloppait le corps ; on la déroula ; ensuite, on trouva un second linceul cousu, puis deux épaisseurs de bandelettes et une pièce de toile fine posée sur le corps, de la tête aux pieds. Cette étoffe modelait toutes les formes d'un corps grand et solidement charpenté : une image de la déesse Monit, haute de un mètre environ, y était dessinée en couleur rouge et noire. Lorsque cette pièce de toile fut enlevée, le corps de l'antique conquérant n'apparut pas encore : il restait enveloppé de fines étoffes imprégnées d'aromates, de liqueur de cèdre, de myrrhe, de cinnamome et des parfums dont s'étaient servis les embaumeurs. On dégagea ces derniers vêtements et alors seulement le héros de Thèbes, de Karnac, de Luxor, du Ramesseum, de Tanis apparut aux yeux de tous.

Image impérissable ! Mort, certainement, mais en apparence mort depuis peu. Il semblait que, si l'on eût osé essayer les effets d'un courant électrique appliqué de la nuque aux pieds, il eût pu tressaillir comme ces cadavres d'amphithéâtre soumis aux expériences de la science moderne, s'agiter encore de mouvements convulsifs, se redresser, ouvrir les yeux, soupirer et parler peut-être ! Grand et noble dans le silence de la mort, on le reconnaît aussi bien que sur ses statues de granit poli qui ont défié les injures des siècles et des hommes. La tête est allongée, petite par rapport au corps. Le sommet du crâne est entièrement dénudé. Des cheveux blancs, rares sur les tempes, s'épaississent à la nuque, et forment de véritables mèches lisses et droites, d'environ cinq centimètres de longueur. Le front est bas, étroit, l'arcade sourcilière saillante, le sourcil blanc et fourni, l'œil petit, le nez long, mince et busqué, la tempe creuse, la pommette proéminente, l'oreille ronde et percée d'un trou, la mâchoire forte et puissante, le menton très haut.

La bouche est assez peu fendue ; elle est bordée de lèvres épaisses et charnues, et contient quelques dents usées et très friables, mais blanches et bien entretenues. La moustache et la barbe, peu fournies et rasées avec soin pendant la vie, avaient continué de croître après la mort. La peau est d'un jaune terreux, plaquée de noir.

Le reste du corps n'est pas moins bien conservé que la tête, mais la réduction des chairs en a modifié plus profondément l'aspect extérieur. Le cou n'a plus que le diamètre de la colonne vertébrale, la poitrine est ample, les épaules sont hautes, les bras croisés sur la poitrine, les mains fines et encore rougies du henné qui servit à la suprême toilette. Les cuisses et les jambes sont décharnées, les pieds longs, minces et un peu plats, rougis de henné comme les mains. Le cadavre est celui d'un vieillard vigoureux et robuste. Il dort. On l'a pris, on l'a emporté, on l'a placé sous une vitrine, au musée de Boulak, et peut-être le verrons-nous quelque jour arriver à Paris, rejoindre son obélisque et sa statue, qui l'ont précédé dans la Babylone moderne.

*
* *

Oui, le voilà, ce pharaon superbe qui, d'un

signe du doigt, d'un clin d'œil, pouvait ordonner le supplice ou la mort de milliers d'esclaves; le voilà celui auquel nul ne parlait qu'à genoux, qui s'intitulait fils de Dieu, Dieu lui-même, et que des cartouches représentent s'adorant entre deux autres dieux de l'antique mythologie. Du fond du tombeau, il semble encore donner des ordres avec une impérieuse volonté et attendre l'adoration de ses sujets. Après ses victoires, lorsqu'il revenait triomphant à Thèbes, ayant vaincu les Éthiopiens, les Khétas, les Méditerranéens, les Asiatiques, le roi des rois, porté dans un cortège triomphal, précédé par les fanfares guerrières, environné des princes et des pontifes qui brûlaient l'encens devant lui, suivi de captifs enchaînés, entouré de cavaliers couverts d'or et d'armures, promenait avec dédain du haut de son char ses yeux indolents et blasés sur les millions d'hommes accourus pour acclamer son triomphe. Les plaines brûlantes de Thèbes, les rives du Nil, étaient peuplées de têtes aussi serrées que les épis de blé dans les campagnes, et jusqu'au loin sa vue ne tombait que sur ses sujets ou esclaves. Ce n'est qu'en fendant la foule pressée de ses adorateurs, admis à le contempler seulement aux jours de triomphe, qu'il parvenait au temple d'Ammon-Rà, son père, recevait les hommages sacerdotaux et atteignait les portiques de son palais, où l'attendait le harem des nouvelles conquêtes. Pas un désir qui ne fût un ordre; pas un ordre qui ne fût un fait. Il avait sur tous droit absolu de vie ou de mort.

Alors, et depuis trois mille ans déjà, l'Égypte était glorieuse et resplendissante. Sésostris ou Ramsès II appartient à la dix-neuvième dynastie des rois d'Égypte : dix-huit dynasties de rois l'avaient précédé, depuis Ménès, qui fonda Memphis. Thèbes ne succéda à Memphis comme capitale que pendant la seizième dynastie. Plus de trois mille années de gloire s'étaient écoulées entre Ménès et Sésostris... Il n'y a pas encore quatorze siècles que l'histoire de France est commencée !

Alors existaient déjà, et depuis longtemps, les pyramides élevées par Khéops et Khephrem, le sphinx de Giseh, Memphis, l'antique capitale, Abydos, la ville sainte, les colosses de Memnon que le soleil levant faisait parler, Éléphantine, rivale de Memphis, et toutes les œuvres de l'éclatante civilisation, de la théocratie et de la monarchie, fondées pendant l'ancien et le moyen empire. Thèbes aux cent portes était relativement récente, mais elle représentait les progrès et le luxe de la dernière civilisation égyptienne arrivée à son apogée, le luxe surtout, apporté par les femmes d'Asie, qui dans les derniers temps étaient venues répandre sur l'indolente et froide satiété des Égyptiens le charme caressant et lascif des voluptés orientales. Dans les palais couverts de sculptures, de peintures, enrichis d'ornements d'or et de pierreries, des jets d'eau jaillissant de vasques encadrées de fleurs allégeaient par une douce fraîcheur la température un peu lourde d'un climat trop aimé du soleil; sous les portiques de marbre gazouillaient des oiseaux rares; des parfums capiteux imprégnaient l'atmosphère au fond des chambres tapissées de divans, de lits de repos et de fourrures, et souvent, par les fenêtres ouvertes sur le Nil, des bouffées d'harmonie semblaient sortir pour se perdre dans l'air diaphane, notes de harpes, de mandores et de cithares, que le toucher léger de jeunes filles aux bras nus faisait envoler dans le vague de l'inconnu comme un mystérieux appel aux rêves d'amour.

* *
*

Aux portes de Thèbes, Karnac et Luxor développaient leurs splendeurs sur la rive droite du Nil, tandis que, sur la rive gauche, les palais et les temples conduisaient à la cité des morts, plus peuplée encore que la cité des vivants, car l'Égypte est la surface d'un immense, prodigieux et opulent cimetière, où tous les corps étaient embaumés pour la vie future, même ceux des esclaves. Mille sphinx reliaient Karnac à Luxor. Le palais de Karnac était soutenu par cent trente-quatre colonnes, dont quelques-unes ont un chapiteau capable de recevoir cent hommes debout. Douze d'entre elles mesurent vingt mètres de hauteur. C'est une forêt de pierres à travers laquelle la lumière qui descend d'en haut n'arrive que divisée, oblique, mystérieuse, étrange. Les images peintes sur les colonnes, vivement coloriées, animent l'immense salle silencieuse. A Luxor, deux obélisques élevés par Ramsès même, ornaient l'entrée du portique (c'est l'un de ces deux monolithes que nous admirons aujourd'hui sur la place de la Concorde). Sur l'autre rive du Nil, le Ramesseum, avec ses trente colonnes aux chapiteaux en forme de calice, avec sa porte principale couverte d'une plaque d'or pur, était une somptuosité. Le colosse de Ramsès II, qui y trônait, pesait plus d'un million de kilogrammes. Des salles immenses, admirablement décorées, sont creusées dans le roc de la montagne, lointaines et profondes, pour enfermer des tombeaux. Elles ne sont habitées que par des statues en bas-relief, aux yeux d'émail ouverts sur la nuit. Les embaumés sont enfermés par des portes de pierre scellées du sceau sacré, à l'abri de la cupidité des vivants et des injures de l'atmosphère, car ils doivent attendre, intacts, la vie ultérieure.

Dans la religion égyptienne, l'âme dépendait du corps, même après la séparation ; elle le reflétait de loin dans ses avatars, elle ressentait par delà le temps et l'espace ses mutilations et ses flétrissures ; son individualité spirituelle tenait à l'intégrité de sa dépouille matérielle. De là ces soins infinis du cadavre et l'inviolabilité qu'on lui attribuait. Lorsqu'on ouvre un sarcophage qui, dans la pensée des prêtres, ne devait être revu par aucun mortel, lorsqu'on déshabille une momie, on reste confondu d'admiration — et de respect — devant la sincérité, devant la minutie des soins avec lesquels le mort a été enseveli, vêtu, orné, sanctifié d'amulettes et de souvenirs, dans des cercueils consécutifs de bois de diverses essences, ornementés eux-mêmes en dedans et en dehors de dessins, de peintures, de préceptes, de vœux conformes à la carrière parcourue par le défunt et aux espérances pour sa vie future.

Il y a quelques années, lorsque je préparais la dernière édition des *Terres du ciel*, j'ai eu l'occasion d'examiner, à propos des représentations zodiacales, un élégant sarcophage conservé à la Bibliothèque Nationale, dans lequel on avait enseveli un jeune homme de vingt et un ans, que l'on consolait naïvement de son départ. On lit entre autres, sur le couvercle du cercueil : « Ce sarcophage excellent dans lequel tu es n'a pas son pareil! Gracieuse est ta sépulture! » etc. Le portrait du jeune homme est peint en pied au fond du cercueil, et sur les côtés intérieurs sont dessinées et peintes les douze figures du zodiaque, le capricorne, signe sous lequel il était né, étant placé près de sa tête. Tous ces détails sont achevés avec un soin exquis.

Là, constamment, dans la cité souterraine, travaillaient les embaumeurs, sous la surveillance de prêtres lugubres ceints de peaux de panthères, coiffés de masques de chacals. Les cadavres passaient par toutes les phases de l'embaumement, chacun suivant sa classe et sa fortune. La toilette funèbre d'un roi ou d'une reine était d'une complication fantastique. Peintres, orfèvres, coiffeurs paraient les corps embaumés comme pour une fête nuptiale. Les femmes étaient couchées en de chastes attitudes, souvent dans la pose de la Vénus de Médicis, voilant leurs charmes pour le mystère même de la tombe. Une jeune mère, trouvée dans la nécropole de Thèbes, serre sur son cœur une petite momie d'enfant nouveau-né. On polit les ongles, on allonge les sourcils, on dore les seins, on natte les cheveux. Ces soins extrêmes eurent, eux aussi, leurs revers dans les grossières passions de quelques vils ouvriers, car dès l'époque des Ramsès, il semble qu'on ait parfois hésité à livrer les corps des jeunes femmes entre ces mains corrompues et que, pour éviter toute profanation sacrilège, on ait attendu les signes précurseurs de la décomposition avant d'ordonner l'embaumement. Mais pendant cinq mille ans peut-être, l'embaumement n'en fut pas moins général. On embauma même les animaux.

*
* *

Tout en étant divisé de son vivant, tout en appartenant déjà symboliquement à l'autre monde, tout en paraissant blasé dans le dédain d'une satiété perpétuelle, Ramsès semble avoir consciencieusement partagé sa vie entre le plaisir et la gloire, avoir vidé jusqu'au fond les deux coupes pendant le long triomphe de son règne. Dans son harem, peuplé des beautés variées de l'Afrique et de l'Asie, il n'eut pas moins de cent soixante-dix enfants, dont soixante-neuf fils. Il paraît qu'il ouvrit son gynécée à l'une de ses propres filles. Tout est permis au pharaon. Ses moindres caprices sont célébrés par les scribes, les peintres, les sculpteurs. Dans le palais de Médinet Abou, on peut voir l'une de ses favorites chéries représentée toute nue, caressée par le grand roi. Exemple donné de haut à la morale publique! Du reste, cet apogée du luxe marque en même temps les premiers symptômes de la décadence. Aux Égyptiennes bronzées, drapées dans une sorte de fourreau d'étoffes souples et coloriées, serrées à la hanche, qui souvent laissaient nus le buste et les bras, succèdent déjà les Asiatiques plus raffinées, d'une blancheur de lait, vêtues des pieds à la tête, mais d'une gaze transparente dont l'indiscrète coquetterie ouvrait le désir sur le corps tout entier. Des voluptés nouvelles sont venues réveiller la torpeur de l'Égyptien, l'arracher peut-être à une immoralité plus délétère, à celle des favoris, des mignons et eunuques, déjà trop évidente sous le règne de Séti Ier. La capitale du pharaon était à la fois la cité mystique des prêtres et des morts, l'éclatant forum des guerriers, la ville des affaires et du plaisir. Ni Rome ni Paris n'ont offert depuis au regard de l'historien de tableau comparable à celui de Thèbes et du Nil à l'époque de Moïse.

Comment ne pas nous souvenir que ce pharaon déterré d'hier est, en effet, sans doute, celui-là même dont s'échappèrent les six cent mille Hébreux condamnés à l'esclavage dans la terre de Gessen et occupés, sous les coups de bâton des intendants, à construire la ville de Rhamsès dans le delta du Nil ! Las du pouvoir, il l'avait délégué de son vivant, et le pharaon de la mer Rouge paraît avoir été Menephtah, fils de Ramsès. Comment ne pas nous souvenir que l'époque à laquelle ces tableaux nous transportent, que ce roi des rois, cette cour, ces palais, ces temples sont antérieurs de quatre cents ans à Jérusalem et à David, antérieurs de sept siècles à la fondation de Rome, antérieurs de près de deux mille ans aux premiers rois de France et aux origines de notre histoire! Alors, pourtant, le monde existait comme aujourd'hui, les agriculteurs remplissaient les greniers d'abondance, les soldats pillaient les villes conquises, les prêtres célébraient les offices suivis par la piété des fidèles, les savants étudiaient la nature, les architectes édifiaient les palais et les temples, les courtisanes distribuaient le plaisir, les commerçants vendaient les denrées, les flottes sillonnaient les fleuves et les mers, la vie multipliée sous toutes ses formes animait les cités opulentes, et, comme le vaste bourdonnement des ruches, couvrait de son perpétuel murmure la face du monde égyptien. Combien d'hommes remarquables, depuis Ménès jusqu'aux Ptolémées, combien de femmes délicieusement belles, depuis Nitaqrit jusqu'à Cléopâtre, ont passé pendant ces cinq mille années, dans ce monde resplendissant des Égyptes successives ! Pourquoi ont-ils vécu ? Au delà de la momie scrupuleusement ornée, au delà de la barque d'Abydos, au delà de l'Amenti redouté, quel soleil d'outre-tombe, quelle lumière innomée, quels horizons inconnus ont-ils retrouvés dans ce monde de l'esprit en vue duquel la création tout entière semble graviter ? L'âme de pharaon, si elle pouvait se faire entendre aujourd'hui de nos oreilles mortelles, nous instruirait incomparablement mieux par un seul mot que la momie royale exhumée hier de son tombeau. Sans doute nous apprendrait-elle que la théorie ésotérique des prêtres des rives du Nil a été judicieusement inspirée en plaçant au delà du couchant, dans les astres de l'infini, les régions de l'immortalité.

* *

Alors que toutes ces gloires désormais éteintes dans le silence du désert chantaient les louanges de la vie, alors que les joies et les regrets, les plaisirs et les douleurs, les agitations et les calmes, les amours et les haines, les désirs et les vengeances animaient cette humanité aujourd'hui disparue, alors, nous autres Gaulois ou Francs, nous mangions des glands dans les forêts sauvages, à peine sortis de la barbarie de l'âge de la pierre, vivant, comme des bêtes fauves, des produits primitifs de la chasse et de la pêche, sans lois, sans foyers, sans patrie, combattant sans trêve le rude combat de la vie. Des forêts immenses couvraient la Gaule que les Celtes commençaient à défricher, les rives du Rhin, la Germanie, d'où les Francs devaient descendre, la Grande-Bretagne presque déserte, ainsi que l'Italie à peine peuplée ; nul prophète n'eût deviné la place où les deux brillantes capitales de la civilisation moderne, Rome et plus tard Paris, devaient un jour s'élever pour régner en souveraines sur le monde. Aux siècles de Ménès, Khéops, Khephrem, Nitaqrit, au temps des Hyksos, d'Abraham, d'Aménophis, et même aux jours de Sésostris, Rome et Paris sommeillaient dans l'inconnu des possibilités futures, et aucune de nos langues actuelles, de nos idées modernes, en philosophie, en religion, en économie politique ou sociale, en sciences même, n'était encore éclose; l'astronomie seule commençait son ère immortelle. Par les vicissitudes des choses, par la succession des tourmentes humaines, le phare flottant qui resplendissait sur le Nil a traversé la Méditerranée pour venir illuminer la Grèce, l'Italie, la France, et tandis que la nuit se faisait sur l'Égypte, tandis que toutes ces splendeurs abandonnées tombaient en ruines, que sa langue même disparaissait et que le sphinx à la bouche fermée restait seul aux pieds des pyramides comme un symbole sépulcral, lentement, progressivement, la France et Paris s'élevaient dans la lumière et dans la gloire pour répandre un jour à pleines mains sur le monde des fleurs brillantes de la civilisation, les conquêtes de la science, les semences généreuses de l'affranchissement intellectuel et de la liberté.

Le flot des marées historiques va jeter

Ramsès II sur cette région alors barbare, emballé et enregistré sous forme de colis, expédié de mains en mains du Caire à Marseille et de Marseille à Paris, jusqu'à quelque vitrine du Louvre! C'est encore plus noble que d'être jeté au vent comme Louis XIV, à la Seine comme Voltaire, ou d'être gâché dans du plâtre pour boucher la fente d'un vieux mur. Mais sous quelque forme que ce soit, combien tout passe vite à la surface de notre planète errante! Qui sait ce qui dans cinq mille ans subsistera de l'état actuel des choses? Peut-être alors les vagues de la mer rouleront-elles comme autrefois sur Paris et sur Londres, et la présidente de la République des États-Unis d'Asie enverra-t-elle de l'Himalaya une commission de plongeurs sous-marins, chargés de chercher sous l'emplacement du dôme des Invalides quelque reste authentique d'un Sésostris français demeuré dans l'histoire comme une épave contestée... Alors, encore une fois, le foyer de la civilisation aura changé de place, et à son tour notre belle France, après avoir longtemps brillé comme une étoile bien-aimée, sommeillera, éteinte avec nous, dans les souvenirs du passé.

. . . .

Et la Terre tourne toujours !

QU'EST-CE QUE LA VIE ?

Les journaux rapportaient dernièrement encore l'étrange expérience qui aurait été faite sur la tête de Lapommerais par le docteur Velpeau, quelques secondes après la décapitation. La veille de l'exécution, le célèbre chirurgien serait allé trouver son « confrère » dans sa cellule et, tout en paraissant croire à la probabilité de sa grâce, lui aurait exposé que, dans le cas où un malheur arriverait (tout le monde, au surplus, est mortel), il lui demandait de vouloir bien rendre à la science un service immense et retentissant.

— Vous avez toujours aimé notre science de prédilection, lui aurait-il dit, et, comme vous le savez, bien des mystères nous restent encore à résoudre. Voulez-vous vous associer à moi pour une expérience décisive? Je vous dirais dans l'oreille : « Lapommerais, m'entendez-vous? » Et, en souvenir de notre convention, vous abaisseriez trois fois la paupière de l'œil gauche. Votre nom sera immortel. — Et les chroniqueurs ajoutent qu'en effet Velpeau serait monté sur l'échafaud au moment de l'exécution, aurait pris la tête du supplicié immédiatement après, lui aurait parlé dans l'oreille, et que la paupière de l'œil gauche se serait soulevée trois fois, la dernière fois pourtant avec un effort marqué et d'une manière presque insensible.

Voilà ce qui était encore très sérieusement écrit l'autre jour dans un important journal. Or, il n'y pas un traître mot de vrai dans toute cette histoire. Je tiens de source certaine, de M. l'abbé Croze lui-même (l'aumônier de la dernière heure), que personne ne s'est fait le satellite du condamné et qu'aucun genre d'expérience n'a eu lieu. Il est assurément regrettable que des écrivains racontent le faux comme le vrai, sans se préoccuper des idées erronées que ces récits peuvent laisser dans les esprits.

* * *

Je me trouvais à Nice lorsque cette anecdote fut rapportée et commentée, et ce jour-là j'entendis plusieurs physiologistes discuter fort sérieusement la question, invoquant pour ou contre la persistance de la sensibilité les expériences déjà nombreuses, mais parfois contradictoires, faites sur les têtes de guillotinés et sur les corps de pendus. Par une coïncidence assez curieuse, comme la vie en est pleine d'ailleurs, il se trouva précisément qu'au lieu de monter à l'observatoire de Nice, comme j'en avais eu la ferme intention le matin même, je me dirigeai du côté du Var, où l'un de mes parents, fervent ami des fleurs, a su créer de toutes pièces un jardin tropical où, soit en serre, soit en terre ferme, les espèces les plus variées, les variétés les plus rares de plantes sont représentées, depuis le palmier jusqu'à l'orchidée et depuis l'oranger jusqu'à l'arum. On vit là au milieu du monde végétal le plus intéressant qui se puisse rêver, sur les rives mêmes de la Méditerranée, au pied des pittoresques collines qui encadrent la baie luxuriante du pays des fleurs.

Là, dans un pavillon ensoleillé, je rencontrai un ami d'enfance, M. G..., dont la fonction sociale consiste essentiellement à empailler. Lorsqu'il n'a pas empaillé un joli petit animal dans sa journée, il évoque l'ombre de Titus et répète cent fois avant de s'endormir : « C'est égal, j'ai perdu ma journée. » Ne lui parlez, à lui, ni des étoiles, ni des fleurs, ni de la table, ni des chevaux, ni de Bacchus, ni de Vénus. A ses yeux, le monde est surtout composé de petites bêtes, qu'il trouve presque toutes charmantes et dignes d'être conservées. Il prend son fusil, les tue en les touchant à peine, de crainte de les abîmer, et les empaille avec une telle dextérité, les pose avec une telle élégance sur leurs pattes, qu'elles paraissent toutes enchantées de leur sort. Les écureuils vous regardent d'un air malin, tout prêts à s'élancer sur les branches, le pic semble étonné de n'avoir pas encore percé l'arbre; le merle s'enorgueillit de son plumage blanc, qu'un vieux proverbe déclarait introuvable; le rouge-gorge semble admirer sa parure, tandis que le rossignol lève sa petite tête vers le ciel, en s'étonnant d'être muet. C'est encore là tout un monde.

* *
*

Ce jour-là, la chasse n'ayant rien donné, M. G... n'avait même pas eu le plus pauvre oiseau de mer à « arranger » et, de désespoir, s'était rejeté sur des sauterelles. Certes, c'était maigre. Mais, par le vent de mistral qui s'annonçait, il n'y avait rien de mieux à espérer, et, plutôt que de perdre sa journée, mon infatigable naturaliste empaillait des sauterelles.

Il y en avait déjà une demi-douzaine d'empaillées et de fixées sur une planchette de bois par de colossales épingles noires. J'en détachai une pour examiner de plus près sa belle armure de chevalier féodal et regarder à la loupe ses mandibules de bronze, quand, à ma prodigieuse stupéfaction, elle me glissa des doigts et sauta d'un bond par la fenêtre.

Le premier moment de surprise fut tel que d'abord je n'en crus pas mes yeux. Mais le désagréable chatouillement de la patte, prenant ma main pour point d'appui de sa fuite, me restait encore dans le doigt, et j'étais bien forcé de constater que l'empaillée était partie et bien partie.

Au cri que je poussai, M. G... me répliqua tranquillement, tout en continuant de vider celle qu'il tenait à la main : « Ça ne m'étonne pas, elles ont la vie si dure ! »

Mais, moi, « ça m'étonnait »... à ce point que je courus à sa table pour me rendre compte de la façon dont il les empaillait. L'opération était réellement conduite avec les plus grands scrupules. Prenant l'insecte entre le pouce et l'index de la main gauche, il faisait glisser la lame d'un canif tout le long du corps, le fendant nettement depuis la tête jusqu'à l'extrémité de l'abdomen, puis, ouvrant ce corps à l'aide d'une pince, il en extirpait tous les organes. L'animal était de la sorte entièrement vidé, et il ne lui restait plus que son enveloppe extérieure, avec la tête, les ailes et les pattes. A peine avait-il fini de vider celle qu'il tenait entre les mains que je la lui demandai, pour la bourrer de coton moi-même. Je la posai sur la table, au soleil; mais, pendant que je préparais une pincée de coton, elle s'envola également par la fenêtre.

— Toute la vie est dans la tête! s'écria M. G... Du reste, regardez. Quelles fortes têtes! On comprend qu'elles ravagent des régions entières et ne laissent que la ruine sur leur passage. Elles doivent être d'une voracité inépuisable!

— Allons donc en prendre au jardin, répliquai-je. Vous en décapiterez quelques-unes, pour voir si elles vivront aussi sans tête.

Nous descendîmes, en effet, et le jardinier ne tarda pas à en prendre une douzaine. D'habitude, il les écrase sous son sabot, car il paraît qu'elles détruisent sans vergogne les plantes les plus précieuses. Il voulut bien les livrer intactes à l'opérateur, qui d'un coup de canif détacha successivement toutes les têtes.

Or, à mesure qu'on les débarrassait de leur tête, elles partaient tranquillement et d'un trait sur les arbustes voisins, sans « perdre la tête » pour si peu. Elles ne paraissaient pas s'apercevoir de l'opération capitale dont elles venaient d'être victimes et, « quoique aveugles », sautaient et volaient fort bien.

Quant aux douze têtes, elles n'étaient pas mortes de leur côté, et elles continuaient de remuer leurs antennes et leurs mandibules.

— Eh bien! dis je, il faut en avoir le fin mot. Demain, nous ferons une expérience sérieuse.

Je priai mon parent de m'en faire prendre un certain nombre, de les décapiter toutes et de me les envoyer le lendemain à Nice.

C'était le 8 mars dernier. Le lendemain matin, je recevais une boîte renfermant 31 sauterelles décapitées. Elles étaient toutes vivantes, alertes et, selon toute apparence, parfaitement bien portantes.

Le 10, c'est-à-dire le surlendemain de la décapitation, il n'y en avait pas une seule de morte. Quelques-unes paraissaient un peu

QU'EST-CE QUE LA VIE ?

fatiguées, mais, en ouvrant la boîte, elles s'envolèrent presque toutes dans la chambre.

Le 11, j'en trouvai 2 de mortes ;
Le 12 — 6 —
Le 13 — 13 —
Le 14 — 6 —
Le 15 — 2 —
Le 16 — 1 —

Le 17, il en restait encore une vivante, celle-là très nerveuse et presque féroce. Je voulus la prendre, comme j'avais pris ses compagnes, pour l'enlever de la boîte ; elle sauta si énergiquement qu'elle me laissa dans la main la patte que j'avais saisie !

Cette lutteuse vécut encore six jours. Le 21, en l'exposant au soleil, elle remuait encore la patte sauteuse qui lui restait, et même les petites pattes ; son abdomen se gonflait et se dégonflait comme s'il s'agissait d'une respiration, surtout lorsque j'en approchais une longue aiguille d'acier. Le 22, en la frappant, elle répondait encore par la patte. Elle ne mourut que le 23, c'est-à-dire *quinze jours après avoir été décapitée !*

Ainsi, ces orthoptères peuvent vivre sans tête et peuvent vivre aussi le corps entièrement vidé de tous ses organes. Peuvent-ils vivre aussi dans cette double condition, à la fois vidés et décapités ? Oui. D'autres ayant été décapitées et vidées le 17 mars, je les examinai le 21. Elle ne donnaient aucun signe de vie et je les crus mortes.

Elles étaient placées sur le tapis d'une table, au soleil, quand, essayant d'en réveiller une en lui chatouillant les antennes, sa voisine, qui était couchée sur le côté gauche, se retourna d'elle-même, à ma grande stupéfaction, et se plaça sur le côté droit. Le lendemain, en les touchant, elles remuaient encore les pattes.

La vie ne réside donc entièrement ni dans la tête ni dans le corps. Elle est répandue dans les ganglions nerveux qui vont de la tête au thorax; mais c'est à peine si l'on peut dire que la tête ait voix prépondérante.

**

Peu habile aux opérations de dissection,

absolument incapable moi-même d'expériences de vivisection, d'une ignorance à peu près complète en insectologie, je priai mon savant voisin, le docteur Mengeaud, professeur d'histoire naturelle au lycée de Nice, de me prêter le concours de son savoir et de son expérience, de disséquer ces pauvres petites bêtes en leur supprimant soit la tête seule, soit la tête avec le cou, soit les trois anneaux thoraciques, en variant les expériences et les combinant, afin d'arriver à un résultat définitif sur le siège de la vie chez ces êtres bizarres.

Mon cousin du Var avait l'attention de m'en entretenir toujours une véritable collection dans de petites boîtes. Elles vivent fort bien quinze et même vingt jours sans la moindre nourriture, ce qui peut paraître déjà assez surprenant.

Le 18 mars, ouvrant une boîte contenant huit sauterelles, enfermées là depuis le 9, toutes d'une vitalité retentissante, le docteur Mengeaud a bien voulu faire les expériences suivantes :

1° Une a eu la tête et le cou (le premier

anneau) enlevés. Le lendemain 19, elle était encore en pleine vitalité, faisait des bonds de quatre-vingts centimètres et ne paraissait pas se douter de l'opération. Le 20, elle donnait encore des signes de vitalité. Le 21, elle était morte. Ainsi, la vie réside dans le second anneau (resté attaché au corps), comme dans le premier et dans la tête.

La tête et le cou vivent de leur côté (le 19). Le 20, morts.

2° Une autre a eu le corps enlevé entièrement : on ne lui a laissé que la tête et les deux premiers anneaux ; c'est-à-dire que le troisième anneau, auquel sont attachés les pattes sauteuses et l'abdomen, ont été enlevés. Elle est, le lendemain 19, en parfaite vitalité, se caresse la tête avec les pattes antérieures et paraît fort bien se porter. Le 20, elle est encore vivante. Le 21, morte.

Le troisième anneau et l'abdomen sont morts immédiatement.

Ainsi, les centres vitaux sont bien répandus dans la tête et les deux premiers anneaux, et sont absents du troisième.

3° Quatre têtes, avec le cou (premier anneau), ont vécu plus de trente heures.

4° Des têtes seules, sans le premier anneau, ont vécu environ vingt-quatre heures.

5° Le premier anneau seul, sans la tête ni le corps, vit plusieurs heures.

6° Le corps entier (le troisième anneau et l'abdomen) détaché, meurt aussitôt. Il garde moins de vitalité que la queue du lézard abandonnée par le reptile sous la main qui veut le saisir, car cette queue remue quelque temps encore.

J'ignore si des expériences analogues aux précédentes ont déjà été faites par des entomologistes ; mais, quoi qu'il en soit, celles-ci m'ont paru assez intéressantes pour être publiées.

**

Très certainement, aucun lien organique direct ne rattache les espèces vivantes supérieures aux inférieures, les vertébrés aux invertébrés, les mammifères aux insectes, et ce serait sortir des limites de l'observation que de faire la moindre application des expériences précédentes à la physiologie humaine. Mais, au point de vue général de la conception de la vie, nous voyons qu'il existe des êtres où, loin d'être localisée, elle est au contraire répandue dans un ensemble d'organes. Chez l'homme, le cerveau seul perçoit, et toute impression de douleur ou de plaisir qui ne serait pas transmise au cerveau par les nerfs ne serait pas ressentie. Le corps privé de tête ne sent pas. Chez certains êtres, au contraire, le corps peut parfaitement vivre sans la tête, et probablement aussi sentir et souffrir. Toutefois, en faisant les expériences qui précèdent, nous nous sommes demandé si les sauterelles éprouvent vraiment des sensations un peu profondes. Elles paraissent presque aussi insensibles que les plantes et sont d'une indifférence que rien n'émeut. Lorsqu'on leur coupe la tête, lorsqu'on les dissèque toutes vivantes, lorsqu'on leur arrache les entrailles, elles ne manifestent aucun mouvement convulsif, et chacun sait que, si l'on veut les saisir, elles vous laissent leurs pattes dans la main sans le moindre regret apparent. Une sauterelle qui a la tête coupée depuis huit jours ne le sait probablement pas, quoiqu'elle reste parfaitement vivante. Et pourtant, qu'elle vitalité prodigieuse!

Le grand livre de la nature est loin d'être lu tout entier, et notre petite planète réserve à la science autant de découvertes que l'immensité des cieux.

LE SIÈGE DE LA VIE

On vient de voir que des décapitées vidées, empaillées, continuent de vivre pendant des heures, des jours, des semaines entières, au milieu des plus singulières conditions d'existence. Étant donnée la différence physiologique qui sépare les vertébrés des invertébrés, les mammifères des insectes, il n'y a assurément aucune application de ces expériences à faire aux décapités humains, à propos desquels on a rapporté d'ailleurs tant d'histoires contradictoires.

Mais voici qu'un savant physiologiste, M. le docteur Petitgand, de Gray, qui s'est trouvé dans des circonstances toutes spéciales pour l'examen immédiat de la tête d'un décapité, vient de publier dans la *Revue scientifique* la relation d'une observation de laquelle il résulterait que la tête d'un homme peut encore vivre et *penser* pendant plusieurs secondes (plusieurs éternités dans une pareille situation), pendant quinze et vingt secondes, après avoir été détachée du corps. Il s'agit ici d'une exécution faite à Saïgon en 1875, sous les yeux de l'observateur.

***

Le lieu de l'exécution était la plaine des Tombeaux, vaste terrain sablonneux servant de cimetière aux Annamites et aux Chinois. Quatre pirates annamites, pris les armes à la main, devaient être décapités en même temps. Le chef de la bande, homme dans la force de l'âge, vif, nerveux, bien musclé, brave sans forfanterie et ferme jusqu'au dernier moment, avait attiré toute l'attention du docteur, et il s'était résolu à ne plus observer que lui seul.

On sait comment se passent les exécutions capitales dans l'extrême Orient.

Le patient, les mains liées derrière le dos, s'agenouille en avant d'un pieu solidement fixé en terre, au sommet duquel ses liens sont ensuite rattachés ; il fléchit autant que possible la tête et le tronc, afin d'exagérer l'écartement des espaces invertébraux, et au besoin, ce qui devient nécessaire pour les sujets pusillanimes, mais ce ne le fut pas dans le cas qui nous occupe, un aide saisit les longs cheveux du condamné; il exagère et maintient ainsi la flexion de la colonne vertébrale. Le bourreau marque alors sur le cou avec du jus de bétel la ligne qu'il choisit pour l'opération, tient à deux mains son sabre, large lame, longue et mince, à trente centimètres au plus au-dessus du cou de la victime, et, au signal donné, frappe rapidement, en attirant son arme à lui, comme pour obtenir un trait de scie, et d'un seul coup, ordinairement du moins, sépare la tête du tronc.

Ce mode de décollation n'est pas sans inconvénient. Il est inutile de dire combien sont nécessaires une grande adresse de la part de l'exécuteur et, pourrions-nous dire, une sublime abnégation du condamné. On se figure aisément les scènes déplorables qui peuvent se produire lorsqu'une de ces conditions vient à faire défaut, et surtout si l'on sait que l'arme employée peut fort bien, il est vrai, traverser les **parties molles,** mais est impuissante à diviser les os.

* * *

Voici maintenant les observations faites par M. Petitgand dans les conditions exceptionnellement favorables où le hasard l'avait placé :

« Sans perdre un seul instant de vue le condamné que je m'étais promis d'observer, dit-il, et même à l'exclusion de ses compagnons, j'échangeais, au sujet de cet homme, quelques paroles à haute voix avec l'officier chargé de procéder à l'exécution, et je remarquai que, de son côté, le patient m'examinait avec la plus vive attention. Les préparatifs terminés, je me tins à deux mètres de lui ; il s'était agenouillé et, avant de baisser la tête, il avait encore échangé avec moi un rapide regard.

« La tête tomba à 1m,20 de moi, sans rouler, comme il arrive d'ordinaire ; mais, la surface de section s'appliquant immédiatement sur le sable, l'hémorragie se trouva ainsi accidentellement réduite au minimum.

« A ce moment, je fus effrayé de voir les yeux du supplicié *fixés franchement sur les miens*. N'osant croire à une manifestation consciente, je décrivis vivement un quart de cercle autour de la tête gisant à mes pieds, et je dus constater que les *yeux me suivaient* pendant ce mouvement. Je revins alors à ma position première, mais plus lentement cette fois ; les yeux me suivirent encore pendant un instant fort court, puis me quittèrent subitement. La face exprimait à ce moment une angoisse poignante d'une personne en état d'asphyxie aiguë. La bouche s'ouvrit violemment, comme pour un dernier appel d'air respirable, et la tête, ainsi déplacée de sa position d'équilibre, roula de côté.

« Cette contraction des muscles maxillaires

fut la dernière manifestation de la vie. Depuis le moment de la décollation, il s'était écoulé de 15 à 20 secondes.

« De ces faits, je crois devoir conclure que la tête, séparée du corps, est en possession de toutes ses facultés, tant que l'hémorragie ne dépasse pas certaines limites et que la proportion d'oxygène dissoute dans le sang est suffisante pour l'entretien de la fonction nerveuse, c'est-à-dire pendant quelques instants très courts et ne pouvant guère excéder la moitié d'une minute. C'est le temps pendant lequel le supplicié a pu lever les yeux sur moi, suivre mes mouvements autour de sa tête et, si l'on veut bien admettre que je n'ai pas été le jouet de mon imagination, reconnaître la personne qui avait attiré son attention quelques instants avant l'exécution. »

***

Si ces conclusions étaient acceptées, ajouterons-nous avec l'auteur, on serait conduit à reconnaître que la décapitation peut devenir en certains cas un supplice absolument barbare, la conscience du patient pouvant subsister quelque temps après l'exécution. Mais, dans la grande majorité des cas, ces craintes sont chimériques. Il est en effet presque impossible que la colonne vertébrale, atteinte obliquement par le couperet de la guillotine, ne reçoive pas un choc suffisant pour suspendre aussitôt les fonctions cérébrales. Il faudrait, pour que de pareilles craintes fussent fondées, le concours de deux circonstances exceptionnelles : d'abord le passage du couperet dans un espace invertébral, sans que la substance osseuse pût être offensée, et enfin la chute de la tête dans une position telle que la surface de section vînt s'appliquer tout entière sur la couche de son ou de sciure de bois qui doit recevoir les restes du supplicié. Le son ou la sciure de bois, pouvant jouer jusqu'à un certain point le rôle de substance absorbante et hémostatique, retarderait pendant quelques instants l'hémorragie et par suite la perte de la conscience. Il y aurait donc lieu, dans un but humanitaire, de renoncer à l'emploi de ces substances.

Quant au corps du supplicié, à peine la tête est-elle détachée (il ne faut pas oublier que le corps ne peut tomber, maintenu comme il l'est par des liens qui l'attachent à un piquet planté en arrière) que ce corps sans tête se relève brusquement pour prendre la position verticale ; et en même temps jaillissent de véritables colonnes de sang artériel, atteignant parfois un mètre et même davantage. Le redressement du tronc et les jets du sang étant simultanés, on peut admettre un rapport de cause à effet entre ces deux phénomènes ; et, de fait, à chaque nouvelle systole manifestée par la projection d'une colonne sanguine, le tronc se relève pour fléchir aussitôt. Bientôt les jets de sang ne s'élèvent plus qu'à quelques centimètres et les mouvements du tronc se réduisent à de simples oscillations. Après douze à quinze systoles, tout le sang est évacué, et le corps demeure immobile et comme suspendu au piquet, qui l'empêche de s'étendre sur le sol.

**

Voilà certes une observation de la plus

haute portée ; elle constitue certainement l'un des documents les plus précis que la science ait encore obtenus jusqu'à ce jour sur les phénomènes de conscience après la décapitation. Récemment, à Paris, M. Laborde a fait sur la tête de l'assassin Campi des expériences toutes différentes de l'observation précédente, mais qui eussent peut-être conduit à des conclusions analogues si elles avaient eu lieu immédiatement après l'exécution.

La formalité qui consiste à conduire le corps du supplicié à la porte du cimetière avant de le remettre entre les mains de l'expérimentateur avait retardé les expériences d'une heure vingt minutes. Cependant c'est la première fois qu'elles ont pu être faites si peu de temps après l'exécution.

Le corps encore tout chaud, laissé dans sa bière, a été placé dans la salle de travail, préalablement bien chauffée, et recouvert, pour mieux conserver encore sa température, d'une couverture de laine. La tête, plus refroidie, comme toujours, a été posée tout près du calorifère.

Puis immédiatement et en toute hâte, MM. Laborde et Gley se sont mis à l'exécution de leur programme de recherches.

Dans le bout cardiaque de l'artère carotide d'un chien vigoureux avait été préalablement introduite une canule à emboîtement réciproque, laquelle permet de s'assurer à tout moment du parfait écoulement du sang. Pareille canule fut également introduite et solidement assujettie dans la carotide droite du supplicié; l'artère s'offrait béante dans la large plaie du cou. Cette plaie séparait en deux le larynx immédiatement au-dessous des cordes vocales inférieures. C'est dans ce bout que fut mise en place la canule, laquelle était reliée à celle du chien par un tube en caoutchouc de petite longueur, de façon à réduire le plus possible le parcours du sang, et d'un diamètre à peu près semblable à celui d'une artère carotide ordinaire.

Tout étant ainsi disposé, et la tête étant maintenue droite sur une table avec une légère inclinaison de droite à gauche, en raison de la communication établie avec l'animal qui allait fournir son sang, la pince d'arrêt placée sur l'artère du chien est enlevée et le sang coule librement dans le tube intermédiaire dont on aperçoit et dont on peut facilement tâter et sentir les pulsations isochrones avec les pulsations artérielles et cardiaques de l'animal.

Au bout d'une minute à peine, on voit la peau de la face, qui avait auparavant l'aspect et la couleur livides de la cadavérisation, se colorer de proche en proche et avec une intensité croissante. Le front et les pommettes rougissent fortement, et avec une prédominance marquée du côté droit (par où arrive le sang); les lèvres s'empourprent, se gonflent et se resserrent; les ouvertures pupillaires, qui étaient en demi-dilatation, se contractent manifestement, et les paupières supérieures, qui étaient à demi ouvertes, se ferment par un mouvement lent et progressif d'abaissement qui paraît bien être le résultat d'une contraction musculaire active. De légères contractions se manifestent sur divers points de la face, notamment aux environs et sur les côtés de la bouche, donnant lieu à de légers tressaillements de la peau.

L'excitabilité musculaire à travers cette peau avait considérablement augmenté depuis l'irrigation sanguine, car, avec un courant minimum dont les effets eussent à peine été perceptibles avant l'expérience, on obtenait maintenant de vives contractions dans toutes les régions de la face, surtout près de la bouche.

En ouvrant la bouche, il était facile de voir que la langue, les gencives et en général toute la muqueuse buccale étaient parfaitement injectées.

Les expérimentateurs cherchèrent alors à agir sur les yeux et sur les oreilles, sans obtenir aucun symptôme de sensibilité.

Ils firent un trou dans le front pour observer le cerveau, qui resta également insensible, de même que l'oreille restait sourde.

Le cerveau ne touchait pas au crâne, comme l'avait prévu le docteur Luys, et en penchant la tête du supplicié on le voyait obéir à l'attraction de la pesanteur.

L'expérimentateur attribue les insuccès relatifs à la sensibilité cérébrale au temps qui s'était écoulé entre la décapitation et les expériences.

Les poumons gardèrent leur élasticité, leur faculté de respirer artificiellement, pendant huit jours.

Le cœur était revenu sur lui-même, au moment du supplice, dans une contraction tellement violente et persistante que sa surface musculeuse en était crispée, ridée, et que *pas une goutte* de sang n'y était restée! Même en le pressant, il n'en sortait rien.

Ainsi la sensibilité peut persister après le supplice. Le problème n'est pas résolu, sans doute. Ce sont là des expériences qui doivent être bien désagréables à faire. Mais ne sont-elles pas du plus haut intérêt?

UN CERVEAU DE FOURMI

L'infiniment petit est peut-être, de toutes les contemplations de la nature, celle qui nous rapproche le plus de l'infiniment grand.

J'avais passé de longues heures d'une nuit merveilleuse dans l'étude des systèmes d'étoiles doubles qui gravitent au fond des cieux ; j'avais surtout observé avec prédilection un beau groupe de deux soleils plus gigantesques encore que le nôtre, l'un rouge rubis éclatant, l'autre bleu saphir translucide, qui tournent en deux mille ans l'un autour de l'autre et distribuent aux humanités de leurs lointains systèmes des jours multicolores et des nuits ensoleillées inconnues à notre planète, j'avais même pris soin de calculer qu'un train-éclair lancé à la vitesse constante de cent vingt kilomètres à l'heure n'emploierait pas moins de cinq cents millions d'années pour atteindre cet univers, et j'avais rêvé aux conditions variées de la vie sur les innombrables terres du ciel, mondes se succédant sans fin jusqu'au delà de toutes les limites imaginaires que l'esprit voudrait imposer à l'espace qui n'en accepte aucune; lorsque, dans la matinée, traversant une pelouse, mes yeux tombèrent sur deux fourmis qui causaient entre elles avec beaucoup d'animation.

Il s'agissait d'un coléoptère empêtré dans des herbes, encore engourdi, peut-être, par le froid du matin, que la messagère voulait emporter à la fourmilière, mais qui était beaucoup trop lourd pour elle.

Sa compagne n'était-elle pas disposée à l'aider? avait-elle autre chose à faire? discutait-elle la valeur culinaire de la victime? comprenait-elle que le fardeau serait encore trop lourd à traîner pour deux petites personnes comme elles? objectait-elle que c'était trop loin? Je ne sais, mais toujours est-il qu'elle ne se pressait guère d'acquiescer à la requête et, par le manège de ses antennes touchant de mille façons celles de son interlocutrice, montrait que son opinion n'était pas décidée. Une troisième fourmi vint à passer et se mêla à la conversation, puis une quatrième. La décision ne tarda plus. Elles partirent toutes les quatre, conduites par la première, et c'est ainsi que je sus, en les suivant dans cette expédition, quel avait été l'objet de cette discussion si agitée.

Les rayons du soleil échauffaient déjà la terre, le coléoptère se défendit mollement, sans doute était-il assez grièvement blessé. A elles quatre elles le tirèrent, le poussèrent, le roulèrent, si bien qu'elles finirent par l'emmener jusque chez elles, jusqu'à plus de quatre mètres au delà de l'endroit où le petit conciliabule s'était passé.

★
★ ★

On a beaucoup écrit sur les fourmis, et souvent les auteurs sont satisfaits de la réalité, qui pourtant est plus que suffisante en elle-même pour nous captiver et nous émerveiller, ont exagéré leurs facultés et dénaturé les observations. Ce sont surtout les narrateurs anciens et ceux du moyen âge qui méritent ce reproche. Les observateurs modernes sont à la fois plus exacts et meilleurs critiques. Or, il suffit de lire les écrits de Lubbock, de Forel ou d'André pour apprécier à leur juste valeur les facultés intellectuelles et morales de ces étranges petits êtres.

Pour nous, ici comme ailleurs, tout en mettant en évidence les aspects les plus frappants et les plus caractéristiques qui permettent de juger d'un trait les êtres et les choses, nous ne présenterons que des faits *authentiques* soigneusement constatés. Cette excursion dans le monde de l'infiniment petit ne nous révélera peut-être pas moins de merveilles que celles que nous faisons parfois, sur les ailes d'Uranie, dans le monde immense de l'infiniment grand!

**

Les esprits réfléchis qui aiment à penser,

mais qui craignent de s'éloigner trop de la terre en étudiant les conditions de la vie sur les mondes différents du nôtre, seraient bien inspirés et passeraient des heures charmantes à contempler sur notre planète même les manifestations si variées de l'insondable nature.

Un voyage chez les fourmis est aussi vaste à lui seul qu'un voyage au fond de la voie lactée. L'intelligence s'est développée chez les insectes comme chez les grands mammifères, graduellement, progressivement et plus vite que chez nous, car les fourmis ont précédé l'humanité de plusieurs millions d'années. Notre race pourrait n'être pas encore apparue à la surface du globe. Il n'a manqué aux fourmis qu'une taille comparable à la nôtre pour que l'empire du monde leur appartînt.

Nous sommes légitimement stupéfaits, dirons-nous avec un historien émérite, de ces populations, M. André, nous sommes stupéfaits en retrouvant chez ces êtres d'apparence si humble un état social, une industrie, des institutions dont jusqu'à ce jour nous croyions avoir le monopole. Ici, nous voyons la vie de famille avec ses joies et ses labeurs, la maison édifiée, agrandie, entretenue, les enfants nourris, soignés, nettoyés, transportés d'un lieu dans un autre, les amis aidés ou secourus, les morts ensevelis; là des armées conquérantes ou protectrices, des combats acharnés, des guerres prolongées, puis des armistices, des victoires ou des traités, des frontières établies et respectées. Ailleurs, c'est un peuple de brigands portant la terreur et la désolation chez des tribus laborieuses dont ils volent les nouveau-nés pour les réduire en esclavage; plus loin, nous voyons des pasteurs intelligents se livrer à l'élevage du bétail, qui doit leur fournir le laitage nécessaire à leur alimentation; puis nous rencontrons des moissonneurs travaillant à remplir leurs greniers d'abondance, où nous surprenons le laboureur en train de sarcler son champ et d'en enlever les herbes inutiles. Partout nous retrouvons des exemples de nos besoins, de nos travaux, de notre vie paisible ou agitée, de nos luttes et de nos conquêtes brutales ou pacifiques.

Les fourmis ont entre elles un langage bien supérieur à celui des oiseaux, des chiens, des singes et des animaux les plus élevés de la hiérarchie zoologique : plusieurs naturalistes ont su reconnaître dans les intonations, les modulations, les nuances des chants d'oiseaux, des appels, des expressions de crainte, de douleur, de plaisir, de haine, d'aversion, d'amour, de désir qu'une certaine habitude d'observation permet de discerner avec précision, surtout chez les hirondelles, les fauvettes et les rossignols. Il n'est pas jusqu'aux vulgaires moineaux qui n'aient une certaine manière de parler entre eux. J'ai tous les printemps, dans mes persiennes, au-dessus des marronniers de l'avenue de l'Observatoire, des couples de moineaux en quête de l'installation de leurs nids, et c'est chaque année la même série d'appels, les mêmes intonations à ne pouvoir s'y tromper. « Nous serions bien ici. Voyons ! — Il y a trop de vent. — Mieux là ! — Trop de soleil. — Par ici. — Oh ! qu'on est bien. » Ces cris légers, doux, intimes, n'ont aucun rapport avec les couic-couic habituels dans les branches des arbres ou avec leurs piailleries de querelles si fréquentes, et l'on devinerait la recherche du nid à deux lors même qu'on n'entendrait pas les petites pattes trottinant sur les persiennes et que leurs ombres ne passeraient pas à chaque instant devant les fenêtres.

Et quand les œufs viennent d'éclore, c'est bien autre chose. Dès le second jour, les petits commencent à gazouiller, si faiblement que c'est à peine si on les entend, et seulement lorsque le père et la mère apportent la becquée. Ce sont des i, i, i, i, très doux et déjà pourtant d'une certaine gaieté. On y sent déjà la joie de vivre. Le père et la mère n'ont plus entre eux la même manière de parler que trois semaines auparavant : c'est différent, plus sérieux, plus affairé. Et c'est du reste un vrai labeur d'aller sans cesse chercher à quatre et cinq minutes (aller et retour) la nourriture pour ces quatre petits dévorants, becs énormes, grands ouverts au moindre bruit et jamais rassasiés, depuis le lever jusqu'au coucher du soleil. On se demande même si ces jeunes parents, toujours courant, prennent le temps de déjeuner.

Dupont de Nemours était parvenu à reconnaître dans le cri assurément bien monotone du corbeau toute une série d'expressions, suivant qu'on pouvait l'écrire : couâc, kroâc, krooâc, craoâ, etc. Il en avait composé tout un petit vocabulaire : Allons-nous-en — Là-bas — Vite ici — Bonne aubaine — Le vilain ! — Charmante ! etc.

***

Mais le langage des fourmis est bien autrement compliqué. Ont-elles un langage parlé ? C'est probable, car l'anatomie a révélé la présence de certains organes stridulants qui ne paraissent pas avoir d'autres fonctions. Toutefois, c'est surtout par le toucher antennal qu'elles communiquent entre elles.

Essayez d'inquiéter les fourmis qui se promènent à la surface d'un nid. Aussitôt quelques-unes rentrent précipitamment dans leurs galeries, jettent l'alarme dans la communauté, et en un clin d'œil, tout ce petit monde est en révolution. Tandis qu'une partie des ouvrières se hâte de transporter larves et nymphes dans leurs plus profondes retraites, d'autres sortent vaillamment pour reconnaître le danger et repousser l'ennemi. Examinez celles qui sont un peu éloignées de l'agitation générale et qui se rencontrent. Vous les voyez frotter leurs antennes et se transmettre en deux ou trois mouvements la nouvelle alarmante. S'il s'agit d'un pot de confiture découvert, on voit la fourmi mettre d'abord en pratique le précepte que charité bien ordonnée commence par soi-même, puis s'en retourner et revenir avec quatre ou cinq amies qui l'imitent et ramènent bientôt un flot pressé de convives qui s'en donnent à cœur joie. S'il s'agit de larves à transporter, Lubbock a constaté que le nombre des fourmis de l'expédition correspond plus ou moins avec la quantité des transports à faire.

On voit parfois deux fourmis s'arrêter, se questionner par les antennes, et, si elles sont du même avis, jouer ensemble de petites scènes de pugilat, analogues à celles des lutteurs dans nos foires. (Cette observation, faite par Huber, a été soigneusement vérifiée.) Parfois, aussi, on voit une fourmi essayer d'en convaincre une autre par sa pantomime, et, n'y arrivant pas, la prendre sur ses épaules et la transporter au but, ce qui est plus vite fait qu'un discours.

Qu'elles se communiquent leurs impressions, qu'elles s'entendent entre elles pour leurs affaires, il suffit d'observer leurs travaux d'architecture, de maçonnerie, de charpente, de défrichage, d'organisation ouvrière et militaire pour en être convaincu. Que ce soit là de l'intelligence et non de l'instinct, c'est dont on se rend compte chaque fois qu'on les met en situation de le prouver.

Un jour, un sériciculteur s'aperçut que des fourmis, très friandes de ses vers à soie, grimpaient sur un mûrier et taquinaient les vers jusqu'à ce que, détachés de la branche, ils tombassent à terre où des porteurs s'empressaient de les enlever. Pour mettre un terme à ce rapt, cet observateur (M. P. Besson) garnit d'un anneau de glu le tronc du mûrier, et pendant quatre jours cette barrière fut infranchissable. Le cinquième jour, un ingénieur se révéla : une fourmi déposa dans la glu un énorme grain de sable qu'elle tenait dans ses mandibules, puis redescendit. Les autres fourmis vinrent successivement palper cet embryon de pont, redescendirent aussi et, après une dizaine de minutes, toutes les fourmis qui montaient portaient leur grain de sable. Après une demi-heure d'observation, le pont traversait entièrement la glu et était assez large pour livrer passage à quatre fourmis marchant de front. L'observateur n'eut pas le courage de détruire leur œuvre et leur abandonna son mûrier en récompense de cet acte d'intelligence.

On a vu des fourmis en expédition, arrêtées par un ruisseau, former un pont d'une chaîne d'ouvrières accrochées les unes aux autres, sur le dos desquelles l'armée passe à pied sec. La traversée faite, les pontonnières se séparent et cherchent à gagner la rive au prix d'efforts souvent infructueux.

Tous ces faits révèlent des combinaisons intellectuelles incontestables. L'étude de ce petit monde renverse singulièrement les idées habituellement reçues parmi les hommes sur l'infériorité de l'insecte. Lorsqu'on a examiné une fourmilière, lorsqu'on en a vu les larves rangées dans leurs berceaux, changées de place plusieurs fois par jour selon l'intensité de la chaleur solaire, nourries avec des soins délicats et constants par ces petites nourrices qui les aiment plus qu'elles-mêmes, lorsqu'on a vu les nourrices épier avec anxiété le moindre mouvement de tête de ces larves et dégager vite dans leurs petites bouches une goutte de liqueur nutritive avant même qu'elles aient eu le temps d'avoir faim, lorsqu'à la naissance des nymphes on a vu les fourmis veilleuses aider la nature et de leurs mandibules déchirer délicatement le bout du tissu de soie pour faciliter la sortie de la tête, on croit connaître entièrement ces petits êtres. Mais leurs cités ne sont rien encore à côté de certaines fonctions qu'on est tout surpris de leur voir remplir.

Ainsi, par exemple, leur bétail, leurs vaches laitières, leurs étables! Si étrange que cela puisse paraître, beaucoup de fourmis ont, en effet, leurs vaches à lait, qu'elles soignent et qu'elles traient, leurs troupeaux qu'elles renferment dans des étables spéciales, qu'elles considèrent comme leur propriété, qu'elles défendent contre leurs ennemis, qu'elles transportent avec elles lorsqu'elles changent de résidence. Ces troupeaux, ce sont les pucerons et les gallinsectes.

Elles vont les chercher, les traient en leur suçant l'abdomen, et plusieurs se nourrissent exclusivement de cette alimentation sucrée. Elles savent les retenir en leur conservant les branches ou les racines sur lesquelles ils vivent, en construisant dans ce but soit des pavillons aériens, soit des galeries souterraines. Ces petits animaux sont souvent leur principal trésor. Une fourmilière est plus ou moins riche — comme une ferme avec ses troupeaux — selon qu'elle a plus ou moins de pucerons. Aussi il faut voir avec quelle rage elles se font la guerre pour la possession d'un arbre à pucerons, et avec quelle ténacité souvent comique elles enlèvent ces pucerons plus gros qu'elles, dont la trompe est parfois trop profondément engagée dans le bois. Elles sont tenaces, mais elles ne leur font pas de mal, prennent grand soin de ne rien casser. Il suffit, du reste, de voir la manière dont un puceron se laisse traire pour être assuré que cette opération lui est fort agréable et qu'ils font excellent ménage avec leurs propriétaires.

*
* *

Les combats de fourmis sont trop connus pour que nous en parlions ici. C'est surtout pour la possession de ces pucerons et pour le rapt des larves destinées à donner des esclaves que ces guerres sont déclarées, guerres souvent féroces et sans quartier. Les procédés de combat diffèrent beaucoup selon les espèces. La célèbre fourmi à esclaves, ou fourmi amazone, a des mâchoires très fortes armées de pointes acérées. Elle combat en ouvrant la bouche aussi grande que possible, et sa tactique est d'y amener la tête de son adversaire, puis elle ferme les mâchoires et broie la tête. Une petite espèce de fourmi ne trouve rien de mieux à faire que de se suspendre aux pattes des grandes et de les arracher. La *formica exsecta* s'y prend autrement : elle saute sur le dos de son adversaire et ne s'occupe qu'à lui scier la tête consciencieusement, ce qui, en général, est assez vite fait.

Tactiques militaires, sentinelles et reconnaissances, sièges en règle, villes pillées, enfants enlevés, populations réduites en esclavage, prisonniers exécutés, tout ce que les anciennes guerres humaines nous présentent, nous le retrouvons chez les fourmis, à un degré plus absolu encore, car il en est qui ont abusé de l'autorité et de la tyrannie à ce point qu'elles sont devenues les esclaves de leurs esclaves et sont incapables de vivre seules.

Telle est la fourmi amazone. Ces barbares au vêtement roux sont des seigneurs puissants et justement redoutés, mais leurs mains patriciennes n'ont jamais touché le bois ou le marteau ; ils ignorent l'art de bâtir et les soins à donner à la jeune famille; leurs instruments de travail devenus inutiles ont perdu leur forme usitée; le ciseau, la scie et la truelle ont disparu des mandibules, pour faire place à deux glaives recourbés, armes terribles mais impropres à tout autre usage que le meurtre et le pillage. Aussi leur vie se passe-t-elle à porter la guerre et la dévastation chez leurs pacifiques voisins dans le but de se procurer ces précieux esclaves qui leur sont aussi indispensables que la nourrice au nouveau-né, puisque ces sultans dégénérés n'ont plus même la faculté de se nourrir et mourraient de faim à côté des aliments les plus savoureux, si des serviteurs dévoués ne venaient les leur mettre *dans la bouche même*. Ils sont devenus incapables de manger eux-mêmes et périssent sur la table la mieux servie si un esclave ne leur met pas la nourriture dans la bouche. (ANDRÉ : *Les Fourmis*.)

* *

Cette organisation sociale variée, ces castes, ces métiers, cette division du travail, ces villes aussi peuplées que Londres et Paris et dont tous les habitants se reconnaissent, ces inimitiés entre citoyens de deux cités voisines, ces territoires organisés et défendus, ces guerres et ces combats, tout cela révèle un état intellectuel à peine inférieur à celui des peuplades humaines sauvages que l'on observe encore aujourd'hui dans l'Afrique centrale ou dans les îles de l'Océanie. Les fourmis ont jusqu'à des cimetières!

Oui, de véritables cimetières, établis à quelque distance de leurs cités, où elles transportent leurs défunts. Et même dans certaines espèces, il y a les tombes de première classe pour les citoyens de distinction, les maîtres du logis, et des fosses communes pour le peuple. Les premiers sont placés avec soin côte à côte, en rangs réguliers, les autres sont entassés pêle-mêle et sans ordre. Je le répète, tout cela a été observé, et bien d'autres faits encore qu'il serait démesurément long de rappeler, malgré tout l'intérêt qui s'y rattache.

Parlerons-nous de leurs noces, de cette

heure d'amour et de volupté si intense, dans laquelle on voit ces tourbillons de fourmis ailées, amants et amantes, s'envoler dans les airs le soir d'une chaude journée d'automne et se précipiter à travers l'atmosphère électrisée comme une ronde fantastique, ivres, éperdus, semblant pris de furie, emportés, frémissants, au-dessus des paysages aériens, s'élevant toujours, se poursuivant sans fin dans l'or et dans la pourpre du soleil couchant, cherchant sur les hauteurs quelque point d'appui permettant de satisfaire la passion grandissante, s'accrochant au faîte des tours, des clochers, des toits, prenant le promeneur inoffensif pour secours et pour complice (*), et roulant dans un tel vertige, que, le soir même, la passion calmée et épuisée éteint

(*) Précisément la semaine où j'écrivais cette étude, à Juvisy, une personne de l'Observatoire était malade et avait reçu la visite d'une jeune sœur de charité, dont le couvent est voisin. Je reconduisais cette sœur jusqu'à la porte du parc lorsqu'en sortant d'une allée, sa cornette blanche fut soudain envahie par un tourbillon de fourmis ailées qui s'y abandonnèrent à leurs ébats sans aucun scrupule pour l'habit monastique.

l'idylle dans l'anéantissement et dans la mort! Les amants, âgés de douze jours seulement, exhalent leur dernier soupir, et le soleil du lendemain n'éclaire plus que des cadavres, dont les oiseaux débarrasseront la terre. Les amantes s'arrachent les ailes, et pour elles aussi l'amour n'a pas de lendemain. Les fourmis neutres les entourent, achèvent la dislocation des ailes, les soignent, les nourrissent et attendent les fruits précieux de cette heure d'ivresse, les œufs, avenir de la communauté. Cette heure, en effet, a suffi pour féconder la vierge ailée, qui, devenue mère et dépourvue de ses ailes, va vivre huit ou neuf ans dans la fourmilière sans cesser de pondre.

*
* *

On le voit, c'est là, à tous égards, un monde extraordinaire et digne de l'attention de l'observateur, monde assurément différent du nôtre, mais dans lequel l'analyse révèle des procédés intellectuels que l'on n'oserait admettre s'ils n'avaient pas été scrupuleusement étudiés. Voilà un petit être qui *pense*. N'allons pas au delà de ce fait. Un cerveau de fourmi *pense*, et renferme tout un monde d'impressions, d'idées, de jugements, de raisonnements. C'est tout ce que j'ai voulu aujourd'hui soumettre à la réflexion des hommes qui pensent eux-mêmes.

J'ai eu la curiosité de chercher ce que pèse un tel cerveau. Pour le savoir, j'ai pesé des fourmis neutres (les autres ne comptent pas), diverses espèces, par groupes de cent, et j'ai trouvé, entre autres résultats pour la fourmi rousse, la plus répandue dans nos contrées, 15 centigrammes par cent. Une fourmi pèse donc un milligramme et demi. Le même procédé m'a donné pour le poids de la tête environ un tiers de celui du corps, soit $0^{mgr},5$, et la dissection montre que le système nerveux cérébral de cet insecte équivaut presque au tiers du poids de la tête, soit $0^{mgr},16$.

Il résulte donc de tout ceci que le cerveau de la fourmi pèse environ le dixième du poids du corps, soit 16 centièmes de milligramme. Il en faut donc six pour faire un milligramme, soit six mille pour un gramme! C'est dans ce grain minuscule que toutes ces idées, et ces combinaisons d'idées, se forment et agissent... Qu'est-ce que la vie, et qu'est-ce que la pensée?... En vérité, ce petit cerveau égale en grandeur la voie lactée tout entière, que le vol de la lumière, au taux de 300 000 kilomètres par seconde, emploie peut-être vingt mille ans à traverser.

CHEZ LES PLANTES

Pendant les jours de vacances, de chasse, de pêche ou d'élections (tout cela se ressemble un peu), la contemplation de la nature nous attire avec plus d'intensité et plus de charme qu'au milieu des travaux et des plaisirs de l'hiver. Tout à l'heure, nous avons fait connaissance avec la société des fourmis, qui offre avec la nôtre tant de traits de ressemblance. Ici, nous allons nous arrêter tout simplement au brin d'herbe lui-même, au monde trop méconnu qu'il représente, au monde des plantes.

J'avais vu un bourdon se rouler avec tant d'ivresse dans la corolle parfumée d'une fleur rouge que l'idée me vint d'examiner avec plus d'attention cette corolle, ses étamines et son pistil... Mais procédons par ordre.

* *

Tout le monde a remarqué dans la corolle d'un grand nombre de fleurs, au centre un filet renflé à sa partie inférieure; c'est le *pistil* ou organe femelle; le renflement inférieur est l'ovaire, contenant les ovules; le bout du pistil s'appelle le stigmate.

Autour de ce pistil ou corps central on remarque les *étamines* ou organes mâles, au nombre de cinq ou davantage, leur nombre est variable, et le pistil, lui aussi, peut être unique ou multiple, suivant les espèces de plantes. Ces étamines sont constituées par un support en forme de colonnette qui se termine par un renflement nommé anthère. C'est la partie essentielle de l'organe, c'est elle qui renferme le pollen ou poussière fécondante.

Pour que la fécondation s'opère, il faut que le pollen aille toucher les ovules. Les ovules non touchés par cette substance fécondante restent stériles comme s'ils étaient d'inertes grains de sable.

Au moment de la fécondation, l'anthère s'ouvre et lance du pollen sur le stigmate femelle. Un tube très fin sort de chaque grain de pollen, pénètre dans le stigmate, traverse le pistil dans toute sa longueur pour aller chercher les ovules qui l'attirent, et là, par un contact mystérieux, les pique, les féconde. A partir de ce moment, l'embryon commence : l'ovule fécondé devient une graine et l'ovaire un fruit. Adieu la fleur, adieu ses parfums, adieu sa beauté. Le beau a fait place au vrai, l'agréable à l'utile. Le but de la nature est accompli. Dans la vie transitoire des fleurs et des êtres se perpétue la vie éternelle de l'univers vivant, — la vie éternelle ou, pour mieux dire, la vie ascendante. Du champignon elle s'élève à la rose ; l'argile tend vers l'ange.

Qui pourrait raconter la sensation de la fleur, dans le sein de laquelle glisse le tube prolifique qui doit, qui veut s'allonger jusqu'aux ovules encore endormis dans l'inconnu ? Ils portent en eux le germe de la vie ; mais ce germe ne s'éveillera pas s'il n'est touché. Le stigmate de la jeune fleur est mouillé de gouttes sucrées ; la fleur entière est imprégnée de tous les parfums ; le tube pollinique subit une telle attraction que dans certaines plantes (exemple : digitale pourprée) il atteint une longueur de 33 millimètres, soit onze cents fois le diamètre du grain de pollen d'où il est sorti ! Il est vrai qu'il y met un temps parfois considérable : six heures chez certaines graminées, douze heures dans la zosthère marine, un jour dans certaines naïades, trois jours dans le glaïeul, cinq dans l'orme, un mois pour l'oranger et le citronnier, quatre mois (février à juin), pour le noisetier, un an même chez les pins.

Aux approches de la fécondation, la température des fleurs s'élève sensiblement ; dans les arums on peut facilement la sentir à la main ; cette augmentation de chaleur est due, comme dans le corps humain, à une absorption considérable d'oxygène. Il y a là des phénomènes physiologiques devant lesquels nous passons inattentifs, mais qui ne sont pas aussi éloignés qu'ils le paraissent de ceux qui constituent les plus importantes phases de la vie chez les animaux supérieurs et même dans l'humanité.

Nous supposons, avec raison sans doute, que ce sont là des sensations sourdes, confuses, presque insensibles. Qui sait ? Sur des mondes plus délicats que le nôtre, les joies, les plaisirs, le bonheur ont peut-être atteint un tel degré d'intensité que, pour les êtres qui les ressentent, nos jouissances les plus vives sont aux leurs ce que celles des plantes sont aux nôtres.

* *

L'œuvre de la nature est une magnifique unité. En fait, botanique et géologie se touchent — physiologie et sensation — biologie et paléontologie — géologie et biologie — géographie et botanique — astronomie et géologie — hommes, oiseaux, reptiles, poissons, algues, roseaux, fougères, chênes ; air, eau, pierres ; ciel et terre ; univers et atomes

— tout se touche, tout se tient, tout ne fait qu'un.

En lançant dans l'espace, après la pluie, l'arc-en-ciel aux sept couleurs, la nature semble nous donner la loi des contrastes, nous montrer que les extrêmes se touchent et que tout n'est que transition. Cherchez la séparation des couleurs du spectre solaire, à l'aide d'un prisme très dispersif; agrandissez-le jusqu'à lui donner dix et quinze mètres de longueur; il vous sera de toute impossibilité de trouver la zone précise où le rouge fait place à l'orangé, l'orangé au jaune, le jaune au vert, etc. Pourtant le vert diffère assurément du rouge, comme le violet du jaune ou le bleu de l'orangé. Les couleurs sont l'image de la parenté de toutes les espèces, végétales et animales, dans l'immense unité de la vie terrestre.

Depuis longtemps les sexes sont séparés chez les animaux, et cette séparation est une cause très active de perfectionnement et de progrès. Ils ne le sont pas encore chez toutes les plantes, et même la séparation est l'exception. Ils ne le seront sans doute jamais, parce que les plantes ne marchent pas et que cette séparation est plutôt une cause d'infériorité.

Le progrès s'accomplit de préférence chez les plantes monoïques douées des deux sexes à la fois. La stature de la fleur est en rapport avec la longueur des étamines et du pistil. Le moyen le plus sûr d'assurer la fécondation étant que le pollen soit situé au-dessus de l'organe femelle, afin que, tombant par sa propre maturité, il soit reçu sur le stigmate, chez les fleurs droites, les étamines sont plus grandes que le pistil et le couronnent. Voyez au contraire, le fuchsias, dont les fleurs sont pendantes et renversées; le pistil descend longuement au-dessous des étamines, et, lorsque le pollen s'échappe des anthères, il tombe naturellement sur le stigmate. Chez un grand nombre de fleurs (exemple : la rue, l'épinette-vinette, la parnassis, le mahonia), les étamines se mettent en mouvement au moindre contact; aussitôt qu'on les touche, qu'un insecte les frôle, elles s'abattent vivement sur le stigmate. Aussi les insectes jouent-ils un rôle très important dans la fécondation des fleurs. En s'introduisant dans leurs corolles, ils mettent en activité les étamines, qui, très sensibles, arrivent instinctivement en contact avec le stigmate. Les abeilles, les bourdons, les papillons s'imprègnent de pollen en allant chercher le miel dans la corolle des fleurs, et, se transportant sur d'autres fleurs, leur laissent ce pollen, qui les féconde beaucoup plus vite qu'elles ne l'eussent été sans cette intervention.

Chez les plantes à sexes séparés, comme les dattiers, les marronniers, le chanvre, l'épinard, le melon, la fécondation est même impossible sans l'aide des insectes ou du vent. On connaît l'histoire de ce dattier femelle, planté à Otrante, qui resta stérile jusqu'à l'époque où un dattier mâle situé à Brindes put élever sa cime au-dessus des arbres voisins et confier au vent la précieuse poussière fécondante. On a parfois remarqué des plantes d'un même sexe se reproduisant elles-mêmes ; mais on a découvert qu'elles portaient alors quelques fleurs de l'autre sexe.

La vallisnérie, plante des eaux que tout le monde connaît, est peut-être la plus curieuse d'entre ces plantes à sexes séparés. Les fleurs femelles sont portées par un long filet qui leur permet d'arriver jusqu'à la surface de l'eau, d'y étendre leurs charmes et d'y flotter dans une gracieuse indolence. Les fleurs mâles passent leur vie à leurs pieds, sans jamais s'élever assez pour les atteindre. Mais, à l'époque des noces, elles s'échappent brusquement des spathes qui les enfermaient et s'élèvent comme de petits ballons jusqu'au lit nuptial. Alors les anthères répandent leur pollen, les fleurs femelles le reçoivent et sont fécondées. Puis, enroulant en spirale les longues tiges qui les portent, elles disent adieu au monde et à la lumière, et redescendent au fond des eaux, pour y mûrir le fruit de ces silencieuses amours.

*
* *

Plus élevées encore dans l'organisation sont les plantes à mouvements spontanés ou provoqués, qui possèdent à leur façon des nerfs et des muscles, et sont douées de facultés supérieures à celles d'un grand nombre d'animaux primitifs. Tels sont, entre autres : la desmodie oscillante, la sensitive, le drosera, la dionée attrape-mouches, l'aldrovandie, le drosophylum, la pinguicula, l'utricularia, etc. La plus remarquable et la plus étudiée dans ses muliples fonctions est peut-être le drosera, type si singulier des *plantes carnivores*. Nous sommes si généralement accoutumés à croire que les plantes vivent « de l'air du temps », se contentent de respirer par leurs feuilles et de se nourrir des sucs de la terre par leurs racines, que nos notions habituelles sur la douceur et l'innocence du règne végétal paraissent confondues lorsque nous entendons parler d'une plante qui mange et qui digère à la façon d'un animal. Examinez pourtant le drosera, qui habite les marais tourbeux et les prairies spongieuses, et dont les feuilles, couvertes de tentacules, sécrètent des gouttes de liqueur brillant au soleil, ce qui a fait donner aussi à cette plante le nom de rosée du soleil : *ros solis*.

Lorsqu'un insecte, une mouche, un papillon, voire une libellule, vient se poser sur la feuille, toutes les tentacules (au nombre de 130, 150, 200, parfois même 260) s'abaissent lentement sur l'insecte et l'emprisonnent. Lors même qu'il s'est posé sur le bord de la feuille, il n'en est pas moins saisi par les tentacules et insiblement amené au centre. Une sécrétion visqueuse l'englue et il ne tarde pas à mourir. Puis la plante le mange littéralement, c'est-à-dire qu'elle l'absorbe et qu'elle le digère en vertu d'un suc gastrique du même genre que celui qui fonctionne dans notre estomac. La plante carnivore sécrète un ferment analogue à la pepsine et qui se comporte absolument comme elle dans la digestion. On peut lui donner à manger de la viande crue, de la viande rôtie, des fragments d'œufs durs, des cartilages, même des os. Elle ne rejette presque rien.

Cet être est d'une puissance digestive phénoménale. On ne peut observer les actes du droséra sans se croire en face d'un animal d'organisation inférieure embrassant sa proie avec ses bras, ou d'une pieuvre d'un nouveau genre.

* *
*

L'espace nous manque pour nous étendre davantage sur ces plantes sensibles. Il serait du plus haut intérêt de nous arrêter un instant encore sur les dionées, qui broient sans pitié les mouches imprudentes un instant posées sur elles et les dévorent sans autre forme de procès ; les byblis, les aldrovandies, et les espèces analogues. Nous pourrions remarquer aussi que, même au point de vue des facultés mentales, la plante n'est pas aussi inerte, aussi impersonnelle qu'on le suppose. La faim, la soif, la santé, la maladie, les variations de force et d'activité, la gourmandise, le désir, l'amour même ne sont pas des sensations étrangères aux plantes ; elles en connaissent au moins l'impression rudimentaire.

Les plantes supérieures ne sont arrivées que très tard sur la scène du monde, comme les animaux supérieurs, et rien ne nous empêche de penser que dans l'avenir il n'en existera pas de plus élevées encore que celles-ci, car le règne végétal progresse comme le règne animal et comme le règne humain. Mais cette recherche nous conduirait un peu loin. Soyons satisfaits d'être entrés un instant en relation avec ces êtres encore mystérieux et d'avoir passé quelques minutes « chez les plantes ».

ENCORE LES PLANTES

Chaque année, le retour du printemps semble inviter nos esprits à revenir un instant à la contemplation directe de la nature, et surtout à l'étude de ces êtres encore si mystérieux qu'on appelle *les Plantes*, sans bien les connaître encore. La science pénètre lentement à travers le monde végétal pour deviner la grande énigme qui se cache encore sous le transparent voile des feuilles et des fleurs. De jour en jour, l'abîme qui paraissait séparer les deux règnes tend à se combler par le progrès des observations indépendantes.

Le génie de Descartes avait été assez puissant pour faire admettre que les animaux ne représentaient que de simples automates montés pour accomplir un certain nombre d'actes. A plus forte raison certains savants se crurent-ils en droit de ne considérer les plantes que comme des êtres régis exclusivement par les forces matérielles. Mais ni la témérité des cartésiens, ni les hypothèses des animistes ne trouvent aujourd'hui asile dans le sévère domaine des sciences.

On ne peut assimiler les phénomènes de la vie végétale ni à de simples procédés physico-chimiques, ni à une suprême direction intellectuelle. Il est évident que ceux-ci sont régis par une force vitale qui enchaîne tous les organes. Les végétaux jouissent d'une vie tout aussi active que beaucoup d'animaux et possèdent des vestiges de sensibilité et de contractilité. Bichat, dans son important ouvrage sur la vie et la mort, l'admet sans hésitation. De nombreuses expériences attestent qu'il y a évidemment dans les plantes des vestiges de sensibilité analogue à la sensibilité animale. L'électricité les foudroie, et les narcotiques les paralysent ou les tuent. En arrosant des sensitives avec de l'opium, on les a endormies profondément. L'acide prussique empoisonne les plantes avec autant de rapidité que les animaux.

Divorçons avec toutes nos vieilles idées sur la vie végétale, observons directement les phénomènes, et nous arriverons à des conclusions qui nous étonneront nous-mêmes. Nous serons tout surpris de reconnaître que l'énergie des actes biologiques des plantes surpasse souvent tout ce que nous représente le règne animal, fait qui n'a été méconnu que parce que nous avons à tort considéré les manifestations turbulentes comme étant la suprême expression de l'animal mobile.

*
* *

Il n'est pas un amateur qui n'ait observé ce mouvement singulier qui s'opère au moindre contact sur les feuilles de la sensitive. Au choc le plus léger, au simple toucher, ses folioles fléchissent sur leurs supports, les branches pétiolaires s'inclinent sur le pétiole commun, et le pétiole commun tombe lui-même sur la tige. Si l'on coupe l'extrémité d'une foliole, les autres folioles se rapprochent successivement. On sait que les feuilles de cette plante sont digitées, c'est-à-dire formées de rayons disposés comme les doigts de la main. Ce sont ces feuilles étroites et longues qui, à la moindre secousse, s'appliquent les unes sur les autres, en se recouvrant par leur surface supérieure. Elles se réunissent de même à l'entrée de la nuit ou lorsqu'il survient un froid assez vif pour fatiguer la plante. Elles sont dans un état de parfait épanouissement par un temps calme et chaud. Un nuage qui passe devant le soleil suffit pour changer la situation des feuilles, dont l'expansion diminue par l'affaiblissement de la lumière. Quoique fermées et dans un état de sommeil pendant la nuit, elles s'abaissent encore davantage si on les touche. À l'insertion du pétiole sur la tige, et à celle de chaque foliole sur le pétiole, on aperçoit une petite glande qui est le point le plus irritable. Il suffit de la toucher avec la pointe d'une épingle pour faire fermer la feuille; si la secousse est vive, toutes les folioles font successivement le même mouvement, deux à deux, dans un ordre régulier. La feuille elle-même ne s'abaisse qu'après que toutes les folioles sont abaissées, comme si le membre principal ne s'endormait qu'après l'assoupissement de tous ses appendices.

*
* *

Parmi les végétaux, ceux qui paraissent posséder le plus particulièrement des caractères appartenant au règne supérieur, au règne animal, sont certainement ces plantes sensibles dont nous venons de parler ; mais on remarque sur d'autres végétaux des mouvements d'un autre ordre et qui ne sont pas moins dignes d'attention.

Les feuilles de certaines plantes possèdent un mouvement révolutif qui s'exécute suivant une courbe fermée et décrit une sorte de cône dans l'air; les vrilles de la bryonne et du concombre cultivé sont douées de ce mouvement perpétuel, dont la durée dépend de la température. Ces mouvements sont peu apparents. Au mois de juillet 1876, j'ai observé, avec le plus grand intérêt, un yucca de un mètre de hauteur, dont la tige, légèrement inclinée, tournait dans le sens du mouvement diurne, mais moins vite que le soleil. Cette tige s'accrut en même temps de huit centimètres par jour; j'ai suivi la rotation pendant quinze jours à Vaux-sous-Aubigny (Haute-Marne). Je ne sais si ce mouvement en spirale a été remarqué par des botanistes. La plante mesurait cinquante-cinq centimètres de hauteur, le 2 juillet, et cent vingt-six le 18; la tige, qui d'abord se courbait presque horizontalement, s'est redressée peu à peu, et, lorsqu'elle fut verticale (le 11), elle cessa de tourner sa tête vers aucun point. Sa croissance se ralentit dès lors. Ainsi, voilà une plante qui s'accroît en tournant en spirale dans le sens du mouvement diurne du soleil.

*
* *

Certaines plantes offrent des mouvements beaucoup plus singuliers, par exemple la desmodie oscillante.

Dans cette plante, la feuille se compose de

trois parties : une grande et large feuille et deux étroites plantées à la naissance de celle-ci. Or, pendant toute la vie de la plante, de jour et de nuit, par la sécheresse et par l'humidité, sous le soleil et dans les ténèbres, les folioles latérales exécutent sans cesse de petites saccades assez semblables à celles de l'aiguille d'une montre à secondes. L'une des deux s'élève, et pendant le même temps sa sœur jumelle s'abaisse d'une quantité correspondante ; quand la première descend, celle-ci remonte, et ainsi de suite. Ces mouvements sont d'autant plus rapides que la chaleur et l'humidité sont plus grandes. On a observé dans l'Inde jusqu'à soixante petites saccades régulières par minute. Il y avait là, en vérité, une montre végétale d'un genre particulier. La grande feuille offre elle-même des mouvements analogues, mais beaucoup plus lents.

*
* *

L'antique barrière qui séparait les deux règnes est fortement ébranlée en ce moment par les *plantes carnivores*.

Peut-être en traversant des prairies marécageuses, avez-vous remarqué les touffes d'une plante ayant un peu l'apparence d'un pied de violettes et dont les feuilles arrondies, étalées en rosace, semblent constamment couvertes de perles de rosée que le plus ardent soleil ne suffit pas à évaporer; de là le nom de *Rossolis* ou *Rosée du soleil* qu'on donne à ce curieux végétal. Les botanistes l'appellent le *Drosera rotundifolia*. Nous en avons déjà parlé tout à l'heure.

Essayez de toucher ces gouttelettes si admirablement transparentes, vous reconnaîtrez bien vite qu'elles ne sont pas constituées par de l'eau, mais par un liquide visqueux, collant aux doigts, se laissant tirer en fils, comme une solution de gomme. Chaque gouttelette est supportée par une sorte de poil d'un rouge vif, terminé par une petite sphère. Ces poils bordent la feuille et sont disséminés sur la surface; ils sont de plus en plus longs à mesure qu'on s'éloigne du centre de la feuille et qu'on se rapproche de ses bords.

Faites maintenant la petite expérience suivante : déposez délicatement un moucheron sur la gouttelette transparente de l'un des poils des bords de la feuille; l'insecte essayera d'abord de se débattre; mais le liquide gluant s'oppose aux mouvements de ses pattes et de ses ailes. Pendant ce temps-là, le poil auquel la pauvre victime demeure attachée ne reste pas inactif. Peu à peu, il s'incline, entraînant sa proie vers le centre de la feuille. Son extrémité arrive à toucher celle des poils courts qui touchent cette région et l'aident dès lors à maintenir l'insecte.

Quelques instants encore, et vous allez voir des poils de toutes les parties de la feuille se courber vers le point où le moucheron a été transporté; tous viendront déposer sur lui leur gouttelette de liqueur et, au bout de quelque temps, se relèveront, attendant un nouveau gibier.

D'ordinaire, les victimes sont de faibles moucherons, des fourmis; mais quelquefois aussi des papillons tels que ces légères phalènes qui volent dans les buissons ou ces petits argus blancs si fréquents dans la campagne par une belle journée de soleil. On a vu même des libelulles capturées, mais dans ce cas la feuille elle-même se replie sur l'animal, et plusieurs feuilles unissent même parfois leurs efforts pour mieux réussir.

Le suc gommeux sécrété par les poils de la plante est non seulement la glu qui retient le gibier, mais aussi le suc gastrique qui le digère. Dès qu'une proie a été saisie, les poils repliés sur elle sécrètent ce suc en plus grande abondance; le suc devient lui-même acide; sa composition semble alors se rapprocher de celle des sucs digestifs des animaux.

Les substances charnues sont dissoutes par lui; les substances épidermiques ou cornées, telles que celles qui forment la carapace résistante des insectes, demeurent, au contraire, inaltérées et sont rejetées par la plante.

Quoi de plus nouveau dans la botanique, de plus étrange et de plus extraordinaire que l'analyse de ces plantes qui mangent des animaux ?

* *
*

Le gibier de nos plantes consiste en petits

animaux : les drosera s'emparent de diptères et d'autres petits volatiles ; ils chassent la plume, tandis que la dionée saisit plus facilement de petites bêtes qui marchent, on pourrait dire le fauve. On a trouvé dans ses feuilles fermées à l'état d'estomac, des élatères, des chrysomètes, des charançons, des araignées, des scolopendres et des fourmis. Dans nos serres, on lui a vu prendre des limaces. Si l'on ouvre les larges urnes des darlingtonia, on y trouve de gros papillons de nuit. Selon le D⁰ Hooker, les jeunes urnes de népenthes atteignent le gibier aérien et s'en emparent, tandis que les urnes plus anciennes dressent leurs embûches au gibier terrestre. Dans les nasses des utriculaires aquatiques, on trouve de petits crustacés. L'amphore des plus beaux népenthes peut atteindre un pied et demi de longueur et engloutir un oiseau ou un petit mammifère.

Ces pauvres victimes de la rapacité végétale sont attirées dans le piège où elles doivent périr au moyen d'artifices ingénieux et presque irrésistibles. Edouard Morren auquel on doit d'intéressantes études sur ce curieux sujet, a constaté que le *pinguicula* répand une odeur analogue à celle des champignons, et attire ainsi sur ses feuilles humides et gluantes de petites mouches qui habitent ordinairement les agarics. Nos *Drosera* indigènes ont leur rosace foliaire étalée sur le sol d'un beau rouge, rehaussée de mille petites perles qui étincellent au soleil et qui sont dressées dans toutes les directions, comme les tentacules des Bryozoaires.

La dionée ne sécrète pas du miel, comme Ellis l'avait cru et comme Linné l'a rapporté d'après lui; ses trappes sont sèches quand elles ne sont pas occupées à digérer; elles répandent sans doute une odeur qui attire les insectes, mais, en tout cas, elles sont parsemées sur toute leur surface rosée de petites glandes à huit divisions qui sont au nombre des plus belles choses de la nature par leur gracieuse symétrie, la régularité de leur charmante coloration. Si la beauté des formes et l'éclat des couleurs, dit M. le Dr Balfour, peuvent être appréciés par les mouches, la dionée a bien assez d'attraits sans recourir au miel.

L'insecte qui se laisse attirer par ces séduisants appâts ou par ses appétits sensuels est voué à une mort terrible. Dans presque tous les cas, son existence va se terminer dans une lente et terrible agonie. Lorsqu'un *drosera* a saisi sa proie, on voit la sécrétion gluante augmenter, les tentacules voisins venir à la rescousse, et tous ensemble se ployer vers la victime, qui s'épuise en vains efforts à vouloir se dépêtrer; poussée contre la feuille sur d'autres glandes pédicellées, la pauvre bête périt sous ces débordements de bave corrosive.

* *

La Dionée agit avec plus de cruauté et plus d'intelligence. Aussitôt qu'un insecte excite une de ses trappes, les deux valves, déjà un peu écartées (angle de 90°), se rapprochent vivement, en même temps que les cils s'abaissent et s'entre-croisent d'une bordure à l'autre; voilà donc la bestiole prise comme dans un étau, à moins que la proie ne soit ou trop faible ou trop forte, et c'est ici que se manifeste l'intelligence qui a présidé à la structure de la plante. Si la proie est chétive, elle passera entre les barreaux du grillage de sa prison. Si elle est forte, elle écarte ses entraves. Mais si le gibier est de bonne prise, si c'est une mouche rondelette, elle sera impitoyablement sacrifiée : l'étau qui la presse, concave d'abord, se redresse et s'applique étroitement contre elle ; il n'est pas exact, comme on l'a cru, que ses mouvements surexcitent l'irritation de la feuille ; mais bientôt toutes les glandes de la surface entrent en activité et commencent à sécréter un suc qui se déverse sur l'insecte, l'imprègne de son humeur aigre, si bien que la plante absorbe peut-être sa victime encore vivante, sans plus de ménagements que nous n'en prenons nous-mêmes à l'égard d'un radis.

Les pièges des *Sarracenia* et des *Népenthes* agissent comme des trébuchets ; le bord de l'urne, près duquel se trouve le sucre, est lisse ; les insectes glissent sans pouvoir ni se retenir ni s'échapper, et ils tombent en général dans un liquide corrosif qui occupe tout le fond de l'appareil.

La digestion végétale est réellement semblable à celle que déterminent le suc gastrique et le suc pancréatique ; elle intéresse les matières albuminoïdes, l'albumine fraîche ou coagulée, la fibrine, la chair crue ou la viande rôtie et les cartilages ; tous ces aliments sont en partie absorbés et pour ainsi dire assimilés.

L'abondance de la sécrétion paraît en rapport avec la qualité du festin ; une vieille mouche sèche et vide laisse la plante impassible, tandis que, pour une grosse araignée, pour un papillon dodu ou pour un bon morceau de chair fraîche, la sécrétion déborde comme la salive chez un gourmet qui tient un succulent morceau entre les dents ; on peut dire de l'un comme de l'autre que l'eau leur vient à la bouche.

Certaines matières sont de digestion fort difficile, le fromage par exemple. M. Cauley avait perdu une de ses dionées, en la soumettant au régime forcé du fromage. Le Dr Balfour voulut vérifier l'expérience; le 8 juillet 1874, il administra une certaine dose de *chester* à l'une de ses plantes; le 9, il a cru voir des nausées et des envies de vomir; pourtant tout semblait bien marcher quand, le 21, des troubles d'apparence bilieuse se produisirent; la feuille devint jaune, puis noire, et mourut d'une véritable indigestion.

Il arrive aussi que les dionées se repaissent avec gloutonnerie et, comme nous, elles pâtissent de se surcharger l'estomac. Le 5 juillet, on donna à quelques feuilles autant de viande qu'elles en voulurent prendre, le lendemain elles en étaient gorgées; quelques-unes furent soumises à un traitement énergique; on leur enleva avec les doigts tout ce qu'elles n'avaient pu enfermer; elles furent sauvées. D'autres, abandonnées à leur triste sort, manifestèrent, dès le 13 juillet, des signes évidents de maladie.

La durée des digestions varie avec les plantes, la nature des aliments et diverses circonstances. Le *Drosera binata* hydrate et rend transparent en huit ou dix heures le blanc d'œuf qu'on lui a servi. La dionée a la digestion paresseuse; comme les serpents, chacun de ses repas se prolonge de huit à vingt ou trente jours. M. Balfour a compté vingt-quatre jours pour l'ingestion d'une grosse mouche bleue; pendant ce temps, et quelques jours après, la feuille est dans un état de torpeur qui ressemble à une sieste.

Voilà des faits qui modifient singulièrement les idées anciennes. Ne découvrira-t-on pas un jour des plantes animées par un véritable système nerveux? Et n'existe-t-il pas, sur certains mondes, des arbres qui pensent et qui parlent?...

LE PRINTEMPS ET LES OISEAUX

Malgré Voltaire, qui accuse notre planète de tourner gauchement, et malgré saint Augustin qui, lui aussi, l'accuse d'avoir mal tourné depuis le jour néfaste où la faute d'Adam amena la suppression du printemps perpétuel et l'inclinaison de l'axe du monde, il faut convenir cependant que la succession des saisons offre au contemplateur de la nature un charme tout particulier, et qui n'existerait pas si nous habitions un monde tel que Jupiter, où l'on jouit d'un équinoxe perpétuel. Telle qu'elle est, la nature terrestre n'est pas absolument désagréable, et le réveil du printemps vient chaque année nous inviter à oublier un instant le monde superficiel de la civilisation humaine, pour nous retremper aux sources vivifiantes de la nature.

Le retour des oiseaux dans nos climats n'est ni l'une des moindres curiosités qui puissent captiver notre attention, ni l'un des moindres spectacles qui puissent nous instruire. Je feuilletais précisément ces jours-ci un nouveau volume de la charmante Bibliothèque des Merveilles, écrit par M. de Brevans, sur la *Migration des oiseaux*. Chasseur émérite, comme Toussenel son maître, l'auteur a observé de près les mœurs de ces petits êtres, et nous allons faire un instant avec lui une excursion dans les montagnes, pour surprendre, nous aussi, les transmigrations périodiques des êtres ailés, transmigrations si merveilleuses et pourtant encore si peu connues.

* *

Le fait de la migration des oiseaux nous est révélé, au printemps et à l'automne, par les grands vols que nous voyons passer et se perdre à l'horizon, et par tous ces oiseaux souvent étrangers à la contrée, que nous rencontrons dans les bois, dans les champs, à des époques déterminées, et qui, quelques jours après, ont tous disparu. Mais de là à savoir d'où ils viennent, là où ils vont, quel mobile les pousse, il y a loin! il a fallu bien des observations, il a fallu surtout que les communications s'établissent entre les contrées les plus éloignées, en un mot, que l'histoire naturelle ait eu le temps et la possibilité de se constituer, pour que nous arrivions à une connaissance tant soit peu précise. Jusque-là et dans tous les siècles passés, que de fables, que de contes ont été émis sur ce sujet, comme sur bien d'autres. En voyant les oiseaux disparaître aux approches de l'hiver, on a supposé qu'ils se métamorphosaient en quelques autres espèces animales, ou qu'ils se réfugiaient dans des trous et s'y engourdissaient à la manière des loirs et des marmottes. Des charmantes hirondelles, *les filles de l'air* par excellence, on a osé dire qu'elles s'immergeaient dans les marais et s'y enfouissaient dans la vase, comme de hideux batraciens, donnant pour preuve à l'appui que des pêcheurs, en ayant ramené dans leurs filets et les ayant mises à cuire avec d'autres captures, ranimées par la chaleur, elles avaient repris leur vol ! Et ce conte bleu a eu tellement cours qu'il y a quelques années à peine un journal sérieux de Paris le rapportait encore comme tout récent !

Or, nous savons pertinemment aujourd'hui, par les témoignages de nombreux voyageurs explorateurs, que tandis que nous nous pressons autour de nos foyers en hiver, l'hirondelle se chauffe gaiement au soleil des oasis d'Afrique. Dès le milieu du siècle dernier, le naturaliste Adanson écrivait à Buffon que, dans son long séjour au Sénégal, il avait toujours vu cet oiseau y arriver à l'époque où il quitte la France, et partir au temps où il nous revient. D'autre part, son passage dans les contrées intermédiaires est constaté partout, comme nous le constatons nous-mêmes, lorsque nous voyons ces êtres charmants se rassembler en foule pour se préparer au départ, puis disparaître et passer en octobre en rasant le sol d'un vol continu et en cinglant droit au Sud. Le continent africain est donc leur lieu de station hivernale, comme l'Europe est leur point de station estivale. Et ainsi des autres oiseaux, qui, purement et simplement, changent de climat, grâce aux moyens de locomotion dont la nature les a pourvus.

Ce qu'il y a de certain, tout d'abord, c'est qu'ils suivent le soleil, les heureux mortels, échappant ainsi aux froidures et aux tristesses de l'hiver. — Ah ! si l'homme avait des ailes et pouvait se contenter de ce léger bagage, combien d'entre nous suivraient leur exemple !

***

L'homme moderne a, comme moyens de locomotion, la vapeur, les navires; comme direction, la boussole, le calcul sidéral, la topographie; comme connaissance du temps, le calendrier, le chronomètre ; comme prévision de l'état atmosphérique, le baromètre, le thermomètre, l'hygromètre et les observations météorologiques; autant de moyens factices, produits de la science qui s'ajoutent à ceux qui lui sont naturels et qui les centuplent. L'oiseau n'a que ces derniers, mais portés à une puissance dont nous ne pouvons nous faire une idée.

Les oiseaux d'Europe, en comprenant sous ce nom tous ceux qui nichent plus ou moins sur notre continent, forment environ cinq cents espèces. Sur ce nombre, tout au plus trente ou quarante, telles que les perdrix, le moineau franc, etc., sont sédentaires et demeurent à poste fixe dans les lieux qui les ont vus naître. Toutes les autres émigrent plus ou moins au Sud, les unes se contentant de la limite des grands froids, les autres gagnant les contrées plus tempérées du midi de l'Europe ou celles plus chaudes de l'Afrique septentrionale ; d'autres enfin s'avançant sous les tropiques ou n'hésitant pas à franchir l'équateur pour retrouver dans l'hémisphère austral un climat analogue à celui qu'elles viennent de quitter. On a l'indication de ces divers parcours par des observations bien déterminées. Vers 1820, un naturaliste de Bâle, voyant une cigogne de passage qui portait un trait par le travers du corps, ne put résister à la curiosité de savoir ce que pouvait être ce phénomène anormal et tua l'oiseau. Ce trait n'était autre qu'une flèche qui fut reconnue comme particulière aux peuplades sauvages qui habitent les contrées voisines du cap de Bonne-Espérance. Ainsi, cette cigogne avait été blessée dans ces parages, et néanmoins, grâce à la puissance de locomotion des oiseaux, elle avait pu accomplir un immense trajet, malgré sa blessure et l'obstacle du trait.

*
* *

La puissance du vol des oiseaux, leur facilité d'évolutions se manifestent de jour en jour à l'analyse. Les martinets de nos cités que nous voyons, le soir, prendre leurs ébats par familles et décrire de grands et rapides circuits, passent comme des traits ; à peine pouvons-nous distinguer leur forme. L'alouette mignonne, tout en chantant sa joyeuse chanson, monte, monte dans le ciel et disparaît à nos yeux. Elle s'élève ainsi à près d'un kilomètre, toujours chantant à pleine poitrine, et sa voix nous arrive encore claire et distincte à l'oreille. Le pigeon-messager, si fort de mode aujourd'hui, fait de vingt à trente lieues à l'heure. On connaît les deux exemples devenus légendaires : le faucon d'Henri II, qui, s'étant emporté après une outarde canepetière à Fontainebleau, fut pris le lendemain à Malte et reconnu à son collier ; et le faucon envoyé au duc de Lerme des îles Canaries, et qui revint en seize heures d'Andalousie à Ténériffe, ce qui fait, pour un trajet de mille kilomètres, 62 kilomètres à l'heure.

Buffon déclare, et cette opinion n'a rien d'exagéré, que la portée de la vue des rapaces de haut vol est vingt fois plus grande que celle de l'homme. On en peut conclure que l'oiseau, en général, embrasse d'une façon précise et certaine l'espace qu'il est susceptible de parcourir en un jour, et s'y dirige d'autant mieux qu'à la perfection de l'organe correspondent forcément des perceptions plus nettes pour son entendement, en même temps qu'une mémoire des lieux stimulée par des sensations plus vives.

La sensibilité nerveuse de l'oiseau est

extrême; la délicatesse de toute sa structure l'indique, et il ne faut voir que l'appréhension qui le saisit au moindre contact pour n'en pouvoir douter. Il a surtout un genre de sensibilité extérieure développée à un degré énorme et qui lui est propre : c'est celle de l'état calorifique, hygrométrique et électrique de l'atmosphère. Ses plumes composées d'une tige sur laquelle s'implantent de fines barbes portant elles-mêmes une quantité infinie de barbules ténues et légères, sont autant d'hygromètres et d'électromètres qui lui transmettent leurs impressions, et on peut dire que l'oiseau est un appareil météorologique vivant.

Chacun de nous ressent plus ou moins les influences de l'état et des mouvements de l'atmosphère : le vent d'Est est frais et léger ; celui du Sud, sec et chaud ; celui d'Ouest, humide et froid ; celui du Nord, froid et sec. Mais combien l'exquise impressionnabilité de l'oiseau doit être mise en éveil et y saisir de nuances qui nous échappent. La plus légère modification lui est aussitôt révélée : c'est là son baromètre ! La plus légère brise lui indique sa provenance, c'est là sa boussole ! Il porte donc avec lui tout un observatoire instantané.

* * *

Ces charmants petits êtres, chansons vivantes, sont guidés par les conditions de la saison et la convenance des lieux : les uns voyageant par étapes, les autres de plaine en plaine, de forêt en forêt, de buisson en buisson, de tertre en tertre, car la variété de marche est considérable, mais tous picorant à qui mieux mieux la large provende qu'ils trouvent en chemin, et l'embonpoint qu'ils y acquièrent est le combustible nécessaire, la réserve en quelque sorte pour les grandes évolutions. Mais encore faut-il, pour trouver cette plantureuse existence, qu'ils devinent les contrées où elle existe et dans lesquelles ils pourront stationner à l'aise. Sans aucun doute, ils ont la latitude de *brûler* les étapes dans les contrées stériles pour eux, les exemples en sont fréquents ; mais encore, pour des êtres doués de tant de prévision, l'existence ne peut être livrée à l'incertitude. Et de fait, en tout pays où la nourriture de prédilection d'une ou plusieurs espèces est copieuse, on peut annoncer d'avance que les passagers seront abondants.

* * *

Pour les oiseaux qui voyagent de jour et à haut vol, l'étendue de leur vue et toutes les indications que la nature des lieux leur fournit, suffisent pour expliquer leurs curieux voyages; on peut dire qu'ils ont sous les yeux, dans toute l'acception du mot, *un plan à vol d'oiseau*, et leur feuille de route paraît facilement tracée. Mais quant à ceux qui s'élèvent peu au-dessus du sol, ou qui voyagent de nuit, souvent par les plus obscures, d'où leur proviennent les renseignements nécessaires pour agir avec certitude?... — Ce n'est pas le dernier des points d'interrogation que nous ayons à nous poser.

Le langage des bêtes, la communication des idées, bien que très obscure pour nous, n'en existe pas moins d'une façon très réelle et très palpable. Les cris d'appel et les chants variés des oiseaux dont nous sommes loin de saisir toutes les nuances, une foule de moyens qu'ils possèdent et que nous pouvons observer, sont largement suffisants pour nous le prouver. La sentinelle qui veille, tandis qu'une bande repose, sait certainement se faire entendre et comprendre quand un péril menace; l'oiseau qui *réclame* au haut d'un arbre est compris de ses semblables qui passent, car ceux-ci s'arrêtent ou poursuivent leur route selon qu'ils le jugent à propos. On peut donc penser que les expérimentés instruisent rapidement les jeunes; que tous reçoivent en chemin des indications des stationnaires; qu'eux-mêmes se communiquent leurs avis sur la route à tenir, et, qui sait? que des émissaires partent à la découverte. Signalons au vol (c'est le cas de le dire) quelques exemples.

***

Le geai, universellement connu en Europe,

est le type le plus caractéristique des migrateurs du Sud-Est, et la raison en est simple. Bien qu'omnivore, c'est-à-dire se nourrissant de tout : insectes, larves, vers, graines, chair, fruits, œufs et oisillons, car il ne se gêne point, à l'exemple de tous ses collègues corvirostres, corbeaux, pies et autres, pour dévaster les nids, il a en grande prédilection les glands et les châtaignes, dont il fait très bien des réserves pour prolonger sa satisfaction. Comme les arbres qui produisent ces fruits sont limités par la nature dans une veine latitudinale comprise à peu près entre le trente-cinquième et le cinquante-cinquième parallèle, il est bien obligé de suivre cette zone lorsqu'il émigre, et cela en se dirigeant à l'Est, puisqu'elle lui est coupée à l'Ouest par l'Océan. Il craint peu le froid, et, quoi qu'il arrive, il laisse toujours des représentants à l'état sédentaire parmi nous. Ce dont il a souci, c'est la pâture, doué qu'il est d'un robuste appétit ; puis de sa tranquillité, car c'est un épicurien qui aime à digérer et à dormir tranquille. Qu'un bruit insolite se produise, qu'un animal circule furtivement dans le hallier où il a élu domicile, ce sont aussitôt des vociférations, de véritables cris... de *geai en colère.*

C'est habituellement de dix heures à midi que leur mouvement de marche est le plus accentué, et chaque jour il augmente d'intensité jusque vers le 22 octobre, après quoi il cesse complètement. Ils passent par courts vols de forêt en forêt, de bocqueteau en bocqueteau, d'arbre en arbre, escaladant les escarpements en biais, et de gaule en gaule, piaillant, braillant, baguenaudant en chemin et se riant des passants, quand ils n'ont rien à en craindre. « Un certain jour de mon enfance, dit M. de Brevans, j'en vis un se pendre par les pattes à une branche pour me regarder passer. Je lui lançai mon bâton et il partit en me gouaillant : « *Geaigeai...* Kouaï!... » Et tous ses camarades de répéter : Geaigeai... kouaï! kouaï ! »

Tous les naturalistes s'accordent à dire, sans citer de faits à l'appui, que le rossignol émigre aussi à l'Est par les contrées méridionales de l'Europe, passe l'Archipel et va hiverner en Syrie et même en Égypte. C'est, il est vrai, un des oiseaux les plus mystérieux dans ses migrations, voyageant silencieusement dans l'ombre des buissons ou des bois, et probablement la nuit. Il est difficile de suivre sa marche. Cependant, nous savons que les rossignols arrivent en bon nombre dans le midi de la France, où les Provençaux en font, hélas! d'excellentes brochettes.

Ils quittent régulièrement notre latitude ou, pour mieux dire, notre zone isotherme, vers le 15 août, et nous reviennent, avec non moins de ponctualité, du 12 au 15 avril, à un jour près, selon la température. C'est à ce moment précis qu'on prend les mâles pour les mettre en cage. Quelques jours plus tard, ils sont appariés et *se laissent mourir* sentimentalement *de chagrin* dans leur prison.

La caille nous quitte en septembre et octobre, et nous revient vers le 10 mai pour les mâles et vers le 1er juin pour les femelles. C'est pendant la nuit qu'elles voyagent. Il en est qui, venant du Nord, s'arrêtent dans les pays à température humide, tels que le sud de l'Angleterre, la Bretagne et la Provence ; mais la plupart vont passer l'hiver en Afrique, où nos compatriotes d'Alger, de Constantine et de Bougie peuvent les recevoir avec honneur.

Ici se présente la grande question de la traversée de la Méditerranée, qui étonne l'esprit, il est vrai, mais qu'il faut bien admettre, même pour des espèces plus chétives et plus faibles. La plus grande distance qui sépare le continent africain de l'Europe, — de Marseille à Alger, est d'environ 650 kilomètres. La caille n'a pas sans doute l'aile dégagée du ramier ; mais les mouvements en sont plus rapides, à ce point qu'ils échappent à l'œil dans son vol de jour. En se basant sur l'opinion d'un vol de 300 kilomètres à l'heure pour le martinet, de 240 pour l'hirondelle et de 100 à 120 pour le pigeon-voyageur, on peut sans exagération admettre un vol de 64 kilomètres pour la caille. La traversée directe lui demanderait donc dix heures, c'est-à-dire l'espace d'une nuit.

Mais il ne faut pas oublier que les points intermédiaires ne leur manquent pas ; ce sont, à partir de l'Ouest, le détroit de Gibraltar, large seulement de quinze kilomètres; la ligne des îles Baléares, qui coupe l'espace en diagonale et par le milieu; la Corse et la Sardaigne, qui se suivent et, par leur droite direction, semblent une route toute tracée de l'un à l'autre continent; la Sicile, dont la pointe occidentale est à peine éloignée de 150 kilomètres de la côte de Tunis; Malte, les îles de l'Archipel, sans parler d'une multitude d'îles et d'îlots à leur disposition et dont elles profitent, à en juger par les captures formidables qu'on y fait aux époques des passages. Un matin de mai, à la Ciotat, des bateaux de pêche avaient à bord une dizaine de petits requins : ceux-ci furent ouverts, *il n'y en avait aucun qui n'eût de huit à douze cailles dans le corps.*

On connaît de longue date les captures immenses qui se font chaque année sur le littoral de l'Italie. Au siècle dernier, on prenait jusqu'à cent mille cailles en un jour à Nettuno, dans le royaume de Naples, sur une étendue de côte d'une lieue ou deux. L'évêque de Capri se faisait vingt-cinq mille livres de rente avec la location de la chasse dans son île, d'où lui venait le surnom d'*évêque des Cailles* ; et il faut dire, pour se rendre compte de l'importance des captures, que ces oiseaux se vendaient alors à Rome environ huit francs le cent. Cette industrie des côtes italiennes n'a fait qu'augmenter avec les facilités de transport et la valeur croissante de ce gibier. Aujourd'hui, on exporte dans toutes les directions, et jusqu'au Nord, des cailles vivantes, en cage, par pleins wagons.

***

Sans prolonger plus loin nos observations, on voit combien ce sujet du retour des oiseaux vers nos climats aux premiers beaux jours de l'année est rempli d'intérêt, et combien il serait digne d'être attentivement étudié. L'instinct et l'intelligence des animaux restent encore un grand et séduisant problème pour l'ami de la nature.

Il est à désirer que les météorologistes parviennent un jour à imiter les astronomes et les oiseaux, et à déterminer d'avance l'œuvre de la nature sur notre variable planète. On ne serait plus exposé à recevoir des surprises aussi désagréables que celle de certains mois de mai, qui ne répondent guère à leur réputation.

LES PARISIENS
IL Y A CENT MILLE ANS

Un chercheur, un archéologue, un « préhistorien » a découvert aux environs de Paris plusieurs vestiges du temps de l'âge de pierre. Ce chercheur, c'est M. Émile Rivière, célèbre dans la science surtout depuis sa fameuse découverte de l'homme fossile de Menton, de cet homme primitif dont le squelette entièrement conservé a pu être transporté au Muséum dans la position même de sa découverte, couché sur le côté gauche et paraissant être resté là pendant son sommeil. Autour de ce squelette on trouva des silex travaillés (taillés, non polis), une épingle en os, vingt-deux canines de cerfs perforés, des os et des dents de l'ours des cavernes, du rhinocéros tichorhinus, de l'hyène des cavernes et du grand chat, animaux du commencement de l'époque quaternaire. Depuis cette époque, le laborieux naturaliste s'est livré, au grand avantage de la science, à une féconde série de recherches du même ordre; sa dernière découverte nous met en présence d'êtres préhistoriques qui ont vécu sur les bords de la Seine bien des siècles avant l'époque à laquelle la première chaumière commença Lutèce non loin du point marqué aujourd'hui par Notre-Dame.

***

C'est le 23 mars 1884 que M. Rivière a trouvé dans le bois de Meudon les premiers silex taillés qui l'ont mis sur la piste de cette station humaine de l'âge de pierre. Ce premier jour, en effet, il ramassa au même endroit plusieurs pièces, dont un grattoir en silex, entier, muni de son bulbe de percussion sur sa face d'éclatement, et retaillé sur les côtés et à l'une de ses extrémités. Depuis lors, il n'a pas découvert moins de *neuf cents* pièces de silex : instruments entiers ou brisés, ébauchés ou finis, silex brûlés, éclats, etc. Par contre, il n'a trouvé qu'un seul ossement, un fragment de côte d'un petit ruminant, et encore cette pièce lui laisse-t-elle quelques doutes au point de vue de sa grande ancienneté, de sa contemporanéité avec l'homme préhistorique.

Cet antique atelier de l'époque néolithique est situé au sud-ouest de Paris, dans les bois de Clamart, à cinq ou six minutes de la route très montagneuse dite de la porte de Clamart, sur un plateau assez élevé d'où la vue s'étend au loin du côté de Châtillon, de Bagneux, etc. Il occupe une surface de peu d'étendue, une centaine de mètres carrés tout au plus, dans la clairière d'un taillis dont les principaux arbres avaient été abattus l'année précédente. Ce taillis forme un carré long, traversé obliquement par un fossé large et profond d'un mètre environ; il est limité, entre autres chemins, par la cavalière du Trou-au-Loup, d'où le nom que M. Rivière a donné à cette station de l'homme primitif.

Tous les silex recueillis se trouvaient soit

à la surface du sol et plus ou moins cachés sous des amas de feuilles mortes et de mousse, soit à la profondeur de quelques centimètres seulement, si bien que ses recherches ont été relativement faciles.

Les silex taillés du Trou-au-Loup sont presque tous gris, d'une teinte parfois assez claire, voire blanchâtre, d'autres fois plus foncée et même brune. Ce sont presque tous des silex de la craie, et ils proviennent du gisement voisin de Meudon.

Au point de vue de la forme que l'ouvrier de l'époque leur a donnée et de l'usage auquel ils ont pu servir, ces silex doivent être divisés en :

Hache polie. — Plusieurs fragments, dont l'un surtout est assez bien conservé et parfaitement reconnaissable.

Grattoirs. — Ils sont généralement bien retaillés et entiers. Le plus beau et le plus grand d'entre eux mesure $0^m,085$ de longueur sur $0^m,015$ de largeur. Les autres sont tous plus petits, $0^m,03$ à $0^m,04$.

Râcloirs. — Très nombreux et très bien retaillés sur l'un des bords.

Lames. — Elles sont en grand nombre, soit entières avec leur bulbe de percussion sur leur face d'éclatement, comme les autres pièces, soit brisées.

Pointes. — Elles sont très petites pour la plupart et minces. Elles ne présentent que peu ou point de retouches sur les bords. Leur extrémité pointue est généralement assez bien conservée, au moins pour un certain nombre d'entre elles.

Percuteur. — M. Rivière n'en a trouvé qu'un seul; il a été grossièrement fabriqué avec un fragment de hache, sur laquelle on aperçoit distinctement les stries de polissage. Il devait être destiné seulement à faire les petites retouches.

Polissoirs. — On a recueilli de même deux petits polissoirs en silex; l'un d'eux surtout est intéressant : c'est un morceau de silex d'une certaine épaisseur, qui présente sur l'une de ses faces planes plusieurs petites rainures de polissage, les unes profondes, les autres superficielles.

Parmi les silex, il en est un certain nombre qui ont subi l'action du feu et présentent une infinité de craquelures plus ou moins prononcées.

Il y avait donc là, à une époque qui se perd dans la nuit des temps, des êtres humains plus ou moins barbares dont les armes et les outils consistaient uniquement en pierres taillées.

* *

Déjà, il y a quelques années, en 1882, le même savant avait découvert à Billancourt, non loin des fortifications de Paris, dans les sablières qui y sont exploitées, quelques silex taillés de main d'homme, mais surtout des restes fossiles de l'elephas primigenius, du rhinocéros tichorhinus, du grand-cerf, du bœuf primitif, M. Rivière a également signalé un gisement quaternaire dans les sablières du Perreux, près de Nogent-sur-Marne (Seine), dans lequel se trouvaient un très grand nombre d'armes de pierre, lames, grattoirs, pointes, etc., réunies à des débris des animaux de la même époque, elephas, rhinocéros, etc. Grâce à ces recherches persévérantes, nos connaissances sur les premiers âges de l'humanité se développent et s'éclairent de jour en jour. Certes, naguère encore, la question de nos origines était enveloppée d'un profond mystère; les éléments de sa solution étaient ensevelis sous des forêts, perdus dans les sables, oubliés dans les solitudes. Mais une nouvelle science vient de naître : la *préhistoire*.

On a trouvé les vestiges d'un passé depuis longtemps disparu. Des armes en pierre de toutes les formes et de toutes dimensions : haches, marteaux, flèches, lances, couteaux, racloirs, etc., outils en os et en ivoire, ossements d'animaux cassés pour en extraire la moelle, coupés, taillés, sculptés, ornementés de naïfs dessins primitifs, ustensiles de la vie quotidienne, débris de cuisine même, tout a été analysé avec un soin scrupuleux, vénéré comme autant de reliques précieuses des siècles évanouis, interrogé comme autant de voix du passé depuis trop longtemps silencieuses. Cette archéologie humaine est devenue le lien qui jusqu'alors avait manqué entre la géologie et l'histoire.

C'est par milliers, c'est par millions d'objets divers que pourrait aujourd'hui se dénombrer la richesse matérielle de cette archéologie préhistorique. Les témoignages se sont ajoutés aux témoignages, les preuves aux preuves, les documents aux documents, et aujourd'hui les hommes primitifs renaissent de leurs cendres, ressuscitent de leurs tombeaux.

Alors nous les revoyons par la pensée tels qu'ils étaient avant toutes les civilisations conservées dans l'histoire. Au milieu des forêts qui couvraient la plus grande partie des continents, sur les rivages des mers et sur les rives des fleuves, dans les vallées arrosées par les ruisseaux, les rivières ou les lacs, sur une terre inculte non encore défrichée par les agriculteurs futurs, nous les voyons se nourrissant des produits de la pêche ou de la chasse, des fruits de certains arbres, des glands des chênes, des châtaignes, des dates, armés de bâtons, de pierres taillées et emmanchées dans du bois, s'abritant dans les cavernes naturelles et disputant leur vie aux maîtres qu'ils devaient déposséder : les mammouths, les éléphants, les singes, les ours, les rhinocéros, les hyènes, les rennes, les cerfs, les aurochs et tous les souverains quaternaires des domaines continentaux. Parmi ces animaux contemporains de l'homme primitif, les uns ont pu être associés à la vie humaine, être utilisés pendant leur vie et servir ensuite à l'alimentation, et en fait, successivement, l'homme a su s'attacher bien des espèces : le chien, le cheval, l'âne, le bœuf, le renne, le mouton, le chat et les diverses espèces d'animaux domestiques que l'on connaît. Les autres ont dû être mis en fuite à cause de leur rivalité dangereuse, tels que les lions, les tigres, les hyènes, les ours, les loups : mais on remarque une parenté originaire évidente entre certaines espèces domestiques et certaines autres restées à l'état sauvage, comme entre le chien et le loup, entre le chat et le tigre, le porc et le sanglier, etc. D'autres encore ont émigré d'eux-mêmes devant l'homme et aussi devant certaines modifications de climat.

Quelle différence entre le monde d'alors et le monde d'aujourd'hui ! Sans parler de l'aspect général des nations modernes, sans parler des chemins de fer, des télégraphes, des bateaux à vapeur, qui sont d'hier; sans parler même des routes, des grandes villes, des monuments, de la vie matérielle et intellectuelle de cités telles que Paris, Londres, New-York, Vienne, Pékin, ni même des villes plus anciennes, telles que Rome, Athènes ou Carthage, ni même des antiquités disparues telles que Babylone, Tyr, Sidon, Memphis, Ecbatane, Thèbes et leurs rivales d'autrefois, en remontant plus haut encore, au delà de l'aurore même de l'histoire, au delà des plus antiques souvenirs de l'Inde, de la Chaldée et de l'Égypte, nous voyons l'humanité composée non plus de quatorze cents millions d'individus, comme aujourd'hui; non plus de peuples pour la plupart civilisés, de nations riches et florissantes, chez lesquelles la vie est rendue plus facile et plus agréable par l'innombrable amoncellement d'inventions et de perfectionnements divers dus à nos pères, mais une humanité formée de quelques groupes de sauvages encore dépourvus de la faculté du langage et ne pouvant converser entre eux, transmettre leurs impressions que par des gestes, par un regard doux ou courroucé, par des cris gutturaux ou des sons plus calmes, par des frémissements dans tout leur être, par des monosyllabes ou des interjections. Nous retrouvons cette origine du langage non seulement dans l'analyse des langues parlées aujourd'hui par l'humanité, mais encore dans les langues primitives monosyllabiques actuellement en usage chez les peuplades sauvages.

*
* *

A cette époque primitive, les continents sont en partie couverts de forêts impénétrables ; les mers roulent solitairement leurs flots, sur lesquels jamais un être humain ne s'est encore aventuré; le vent souffle à travers les bois et les paysages; la France est parcourue par des troupeaux de mammouths, de rhinocéros, d'hippopotames, de bœufs primitifs; la Seine, incomparablement plus large que de nos jours et élevée de quarante mètres au-dessus de son niveau actuel, occupe l'emplacement entier de Paris et s'étend de Montmartre à la montagne Sainte-Geneviève, de Passy à Meudon, de Saint-Denis à Saint-Germain; le fleuve est presque un bras de mer où les marées se propagent comme aujourd'hui à Caudebec, et c'est sans doute en l'un de ces îlots qu'est arrivée à Paris la baleine trouvée sous une cave de la rue Dauphine. Les premiers hommes de la Gaule ont été témoins de ces grandioses spectacles dès les premiers siècles de l'ère quaternaire, il y a cent mille ans peut-être. Songer à ces ancêtres, c'est revivre un instant dans un passé depuis longtemps disparu, — passé non moins intéressant peut-être que le présent actuel.

LES HABITANTS DE LA FRANCE

IL Y A CENT MILLE ANS

L'étude qui précède met en évidence la haute antiquité de notre race et donne des témoignages certains de l'antique habitation de nos contrées par les peuplades de l'âge de la pierre.

Depuis la première révélation authentique de silex taillés faite par Boucher de Perthes en 1832, à Thuisen, aux portes d'Abbeville, les trouvailles ont été non pas seulement nombreuses, mais pour ainsi dire innombrables. Dans le bassin de la Seine seulement, elles sont considérables et prouvent que nos régions ont été habitées par des races humaines primitives dès les premiers temps de l'époque quaternaire.

**

Nous avons reçu sur ce point un mémoire de M. Guégan sur les recherches qu'il a faites lui-même depuis 1872 dans le département de Seine-et-Oise. Signalons, par exemple, le Vésinet. Tout le territoire de cette commune appartient à l'époque quaternaire, le sol végétal est peu profond, et il est entièrement composé d'un limon de couleur rouge ocreuse, sous lequel on trouve une couche de gravier qui atteint quelquefois une assez grande puissance. On y a pratiqué de nombreuses sablières, dans lesquelles on trouve les silex taillés associés aux ossements des animaux dont les espèces ont disparu, tels que l'elephas primigenius, les rhinocéros tichorhinus, le cerf, le cheval et le grand bœuf.

L'homme a donc habité cette vallée *avant* le mouvement géologique qui l'a transformée en un grand lac ou une petite mer dont les flots battaient les collines de Saint-Germain, de Cormeilles et d'Orgemont. Puis le sol s'étant asséché, il y est revenu ; c'est ce qu'attestent les nombreuses haches polies qu'on a trouvées dans le sol superficiel du Vésinet. Cette occupation s'est prolongée jusqu'à l'époque gallo-romaine, car on y a aussi découvert, dans ces derniers temps, une épée en fer et quelques objets en bronze.

Au pied de Saint-Germain, au Pecq, sur la rive gauche de la Seine, en pratiquant une fouille en 1876 pour l'établissement d'une pompe à feu, on a trouvé, à trois mètres de profondeur, une quantité considérable de silex taillés, sur lesquels M. Guégan s'empressa d'attirer l'attention de M. de Mortillet : ces instruments primitifs de l'âge de pierre se trouvent aujourd'hui au musée de Saint-Germain.

La couche de terre noire dans laquelle gisaient ces silex taillés était recouverte par une épaisseur de limon boueux, d'alluvion de $2^m,10$ dans laquelle existent beaucoup de coquilles fluviales.

***

Ces primitifs instruments de pierre, derniers témoins d'une humanité disparue, ont été trouvés également dans les sablières de Bois-Colombes, dans les balastières de Mantes, dans les carrières de sable et de gravier de Sotteville, près Rouen; dans la vallée de l'Oise, dans la vallée de la Marne, notamment à Chelles, dont le gisement, devenu célèbre, a été choisi par M. de Mortillet comme type de l'époque la plus ancienne de ces premiers instruments de pierre. On les a retrouvés également en Normandie, en Bretagne, dans le bassin de la Loire, dans la vallée de la Vienne, dans les bassins de la Dordogne, de la Gironde et du Rhône, en un mot sur la surface entière de la France, et cela par dizaines de milliers d'échantillons. [Signalons en particulier les récentes découvertes faites à Mondragon (Vaucluse) par M. Perrin.] Il est désormais acquis à la science que des races humaines primitives ont habité nos régions dès les premiers siècles de l'époque quaternaire, alors que l'Angleterre était encore rattachée à la France, que la Seine se jetait dans l'Atlantique au delà du département actuel du Calvados et que la Somme allait se jeter dans le même golfe de l'Océan, en passant par la Manche actuelle — et alors que, d'autre part, les volcans du centre de la France, notamment ceux du Velay, étaient encore en pleine activité. L'existence d'êtres semblables à nous durant cette époque est désormais certaine. Nous trouvons ces hommes dans les cavernes. Nous les trouvons dans les alluvions; nous constatons leur nombre; nous arrivons à dater les premiers moments de leur existence; nous savons quels animaux les entouraient, au milieu de quelle végétation ils vivaient, au prix de quels efforts ils assuraient leur vie de chaque jour.

***

Les silex taillés du type de Chelles et de Saint-Acheul sont contemporains de l'elephas antiquus, qui succéda à l'elephas méridionalis et précéda le mammouth. La date géologique est donc bien caractérisée, et lorsque nous parlons de cent mille ans pour cet âge nous restons certainement au-dessous de la vérité.

Nous avons aujourd'hui la preuve que l'homme primitif est antérieur de plusieurs dizaines de milliers d'années à l'âge de l'humanité historique, car on a retrouvé déjà un grand nombre de types de l'homme fossile.

Non pas pourtant depuis longtemps. C'est en 1823 seulement qu'Amy Boué présenta à Cuvier des ossements humains trouvés par lui dans le loess du Rhin, aux environs de Lahr, dans le pays de Bade. Cuvier, qui avait un système arrêté par des idées théoriques préconçues sur la nature de la création et sur l'immutabilité des espèces, se refusa à les reconnaître et ce refus eut une action funeste sur le progrès de la science.

Cela n'empêcha pas des restes d'hommes fossiles d'être découverts, en 1828, dans l'Aude, par Tournal; — en 1829, dans le Gard, par Christol; — en 1833, en Belgique, par Schmerling; — en 1835, dans la Lozère, par Joly; — en 1839, dans l'Aude, par Marcel de Serres; — en 1844, au Brésil, par Lund. Mais la science officielle objectait, *a priori*, que les restes humains ou les objets fabriqués par l'homme trouvés dans ces terrains quaternaires y avaient été amenés par des eaux ou par des éboulements.

En 1847, il y eut un grand coup porté à la question par les efforts vigoureux et indépendants de Boucher de Perthes, qui, dans des carrières de gravier situées près d'Abbeville, avait recueilli depuis 1832 une quantité considérable de silex travaillés de mains d'hommes.

Mais il faut arriver jusqu'en 1861 pour voir le fait de l'homme fossile affirmé hors de doute, par le déblaiement de la grotte d'Aurignac, dû à M. Lartet. Ici, le doute n'était plus possible. Cette grotte — ou mieux cet abri — était fermée, au moment de la découverte, par une dalle apportée de fort loin. M. Lartet découvrit dans cette grotte les ossements de huit espèces animales sur neuf qui caractérisent essentiellement les terrains quaternaires. Quelques-uns de ces animaux avaient été évidemment mangés sur place; leurs os, en partie carbonisés, portaient encore la place du feu, dont on retrouvait les charbons et les cendres; ceux d'un jeune rhinocéros tichorhinus présentaient des entailles faites par des outils de silex et avaient été rongés par des hyènes dont on retrouva des vestiges. Ajoutons que la position de cette grotte la mettait à l'abri de tout apport dû au diluvium. Ces faits établirent que l'homme primitif a vécu au milieu de la faune quaternaire, utilisant pour sa nourriture jusqu'au rhinocéros et suivi par la hyène de cette époque, qui profitait des débris du repas. La coexistence de l'homme et de ces espèces fossiles était démontrée.

L'année suivante, une découverte capitale vint confirmer les faits antérieurement acquis. Le 28 mars 1862, Boucher de Perthes eut le bonheur de déterrer lui-même, dans le diluvium gris de la vallée de la Somme, à Moulin-Quignon, près d'Abbeville, une mâchoire humaine, sans doute fort incomplète, mais néanmoins bien précieuse. En 1872,

M. Rivière découvrit l'homme fossile de Menton. Tout récemment, étant à Nice, nous avons été nous-même témoin de nouvelles fouilles faites en ce même point par M. Wilson, consul des États-Unis.

* * *

Actuellement, il est impossible de douter de l'existence de l'homme dès l'origine de l'époque quaternaire, et sans doute même dès la fin de l'époque tertiaire. La transformation simienne à laquelle nous devons d'exister date très probablement de la période pliocène. Il serait long d'exposer ici toutes les découvertes faites, tant de restes humains fossiles que de silex taillés ou d'objets fabriqués par l'homme primitif. Au musée de Saint-Germain, on peut admirer tout un monde exhumé, grâce aux travaux persévérants de l'archéologie préhistorique. Au musée de Bruxelles, il n'y a pas moins de quatre-vingt mille silex taillés de main d'homme et de quarante mille ossements d'animaux contemporains de l'homme primitif. On a déjà pu classer la succession de ces races humaines disparues; les unes ont été contemporaines de l'ours des cavernes, d'autres du mammouth, d'autres du renne, et d'autres enfin de l'auroch.

Observant l'humanité dans son état actuel, nous avons une tendance à croire qu'elle a toujours été telle que nous la voyons. Pourtant nous assistons nous-mêmes à son évolution et nous pouvons nous rendre compte de la rapidité avec laquelle tout change. Dans moins d'un siècle, nos descendants ne s'imagineront pas facilement l'époque à laquelle il n'y avait ni chemins de fer, ni télégraphes, ni téléphones, et pourtant c'est d'hier. Nous jetons une lettre à la poste pour Madrid, où elle arrive le lendemain, et en traversant la ligne d'Orléans nous lisons sans admiration sur le wagon-poste : « Paris-Pyrénées. » Notre mémoire est courte et notre indifférence est profonde. Charlemagne saluerait une conquête plus grande que celle de tout son empire, s'il ressuscitait, une heure seulement, dans l'express qui fond de Paris sur Rome en trente-quatre heures ou dans celui qui vole de Paris à Constantinople en soixante heures. Il n'en croirait pas ses yeux, et encore moins sa raison, si quelque ingénieur essayait de lui expliquer que c'est tout simplement de la vapeur émanée de quelques litres d'eau bouillante qui produit cette merveille. Nous voyons des villes, des maisons confortables fermées par du verre, des boulevards, des théâtres, des académies, des églises; nous touchons des étoffes, des costumes, des meubles; nous entendons de la musique, nous lisons des journaux et des livres, et nous sommes portés à croire que tout cela a toujours existé. Mais, au contraire, en fait, tout n'est arrivé que successivement.

L'homme s'est fait ce qu'il est aujourd'hui, comme il se fait actuellement ce qu'il deviendra demain. Corps, esprit, mœurs, idées, langage, tout change, et très vite. Charlemagne n'entendrait déjà plus la langue que l'on parle aujourd'hui à Paris. Que dis-je, Charlemagne? Saint Louis, qui rendait la justice sous un chêne du bois de Vincennes, ne comprendrait plus le français. Insensiblement l'homme a acquis ses idées, son langage, ses facultés intellectuelles; insensiblement il a produit ses œuvres diverses, insensiblement l'humanité est devenue ce qu'elle est.

Est-elle parvenue aujourd'hui à son état définitif? Est-elle désormais arrêtée dans son développement? Non. Sans parler des grandes périodes de la nature ni de centaines de mille ans, dans vingt ou trente siècles seulement il n'y aura plus de France, et personne ne parlera plus français sur la terre. Tout sera changé, — et nous aussi.

L'ORIGINE DE L'HOMME

Un dimanche matin de l'année 1809, Napoléon traversait le grand salon des Tuileries, en revenant de la messe ; il passait entre une haie d'officiers et une haie d'académiciens, lorsqu'un de ceux-ci, vénérable naturaliste connu par de belles et importantes découvertes, présenta à l'empereur un nouveau livre. — « Qu'est-ce que cela ? lui dit l'homme qui niait la vapeur, c'est encore un almanach, c'est votre absurde météorologie, cet annuaire qui déshonore vos vieux jours ! Faites de l'histoire naturelle et je recevrai vos productions avec plaisir. Ce volume, je ne le prends que par considération pour vos cheveux blancs. Tenez ! » Et il passa le livre à un aide de camp.

Le pauvre savant, qui, à chacune des paroles brusques et offensantes de l'empereur, essayait inutilement de dire : « C'est un ouvrage d'histoire naturelle que je vous présente, » eut la faiblesse de fondre en larmes.

* * *

Cette scène se passait devant Arago, qui la raconte. Le malheureux savant si rudoyé par le potentat était Lamarck; l'un des plus éminents naturalistes qui aient jamais existé, le créateur de la théorie du transformisme, qui renouvelle aujourd'hui toute l'histoire naturelle. L'ouvrage qu'il présentait à l'empereur était la *Philosophie zoologique*, livre admirable, qui ouvrait à la science la voie féconde où devaient plus tard s'illustrer Geoffroy-Saint-Hilaire et Darwin.

Depuis longtemps, les deux interlocuteurs de cette petite scène ont quitté ce monde. L'un, le grand, est descendu peu à peu malgré son génie, dans l'estime des hommes, et l'on sent aujourd'hui qu'il a fait plus de mal que de bien; l'autre, le petit, a grandi progressivement dans cette estime et dans cette admiration, et aujourd'hui c'est un géant debout sur un piédestat immense.

L'ORIGINE DE L'HOMME

***

La question de l'origine de l'homme est sans contredit la plus intéressante, la plus importante de toutes celles qui peuvent captiver notre attention. D'où venons-nous ? Que sommes-nous ? Où allons-nous ? C'est une question posée depuis qu'il y a sur la terre des hommes qui pensent. Les réponses, à vrai dire, n'ont pas manqué ; mais dans les temps anciens, et jusqu'en ces dernières années, elles n'ont été faites que par des religions, c'est-à-dire par des doctrines non scientifiques qui ignoraient les termes mêmes de la question et étaient absolument incapables de donner une réponse sérieuse. C'est ainsi, par exemple, que la Bible proclame la série de naïvetés suivantes :

Dieu créa l'homme à son image et *les* (?) créa mâle et femelle.

GENÈSE, I, 27.

Et il les bénit en leur disant : « Croissez et multipliez-vous. »

GENÈSE, I, 28.

Dieu dit ensuite : « Il n'est pas bon que l'homme soit seul, faisons-lui un aide semblable à lui. »

GENÈSE, II, 18.

Alors il envoya à Adam un profond sommeil, puis il enleva une de ses côtes et mit de la chair à sa place.

GENÈSE, II, 21.

Et le seigneur Dieu forma la femme de la côte qu'il avait tirée d'Adam et l'amena à Adam.

GENÈSE, II, 22.

Adam et sa femme étaient alors tous deux nus...

GENÈSE, II, 25.

Le serpent parla et dit à la femme : « Aussitôt que vous aurez mangé de ce fruit, vous serez comme *des dieux*. »

GENÈSE, III, 1.

Dieu dit : « Voilà Adam devenu *comme l'un de nous*; empêchons qu'il ne goûte à l'arbre de vie de peur qu'il vive éternellement. »

GENÈSE, III, 22.

Le seigneur Dieu se promenait dans le paradis après midi, alors qu'il s'élève un vent doux...

GENÈSE, III, 8.

Dieu dit au serpent : « Parce que tu as fait cela, tu ramperas désormais sur le ventre... » et à la femme : « Puisque vous avez désobéi, vous enfanterez *dans la douleur*. »

GENÈSE, III, 14.

Il fit ensuite à Adam et à sa femme des habits de peaux, dont il les revêtit.

GENÈSE, III, 21.

Et ainsi de suite. Voilà un livre qu'on nous présente comme sublime, infaillible, verbe de Dieu, et qui contient ces... naïvetés (soyons poli) exhorbitantes! Dans le premier chapitre, Jéhovah crée l'homme mâle et femelle ; dans le second, revenant sur le même sujet, il parle de la solitude d'Adam et de la création d'Ève, qu'il fabrique avec une côte enlevée sans douleur (l'homme devrait donc avoir une côte de moins que la femme); constate que ces nouveaux-nés de vingt ans sont nus (on le croit sans peine); parle à un serpent qui a lui-même le don de la parole; le fait marcher sur le ventre par punition (comment marchait-il auparavant?); condamne Ève à enfanter dans la douleur (toute femme pourrait-elle enfanter autrement?); avoue lui-même qu'il y a plusieurs dieux et craint qu'Adam ne le devienne tout à fait; se promène dans le paradis; se donne la peine de coudre des habits de peaux à l'usage de la première femme et de son époux..., etc. Il faut vraiment lire ces choses-là de ses yeux pour être sûr qu'elles ont été écrites.

Prenons-les pour ce qu'elles sont, pour deux allégories orientales juxtaposées, et gardons-nous de voir dans ces antiques récits aucune révélation divine. Essayons de poser le problème scientifiquement.

L'homme créé par la volonté directe de Dieu, en vertu d'un miracle, ou l'homme descendant des animaux qui l'ont précédé dans l'évolution de la nature : voilà les deux termes de la question, les deux seules hypothèses possibles ; il n'y en a pas trois.

Ce sont là, en effet, encore actuellement, deux *hypothèses* ; aucune n'est prouvée. Laquelle des deux est la plus *probable*? C'est ce que nous devons examiner, et c'est tout ce que nous pouvons faire.

*

La première implique le miracle et l'origine surnaturelle de l'homme, non seulement de l'homme, mais encore de tous les animaux, de toutes les plantes, de tous les minéraux. Dieu a tout *créé* par sa volonté arbitraire, comme il l'a voulu et quand il l'a voulu, aussi bien la puce que l'éléphant, aussi bien l'huitre que le cheval, aussi bien le premier brin d'herbe que la première sensitive, aussi bien le caillou que le diamant.

Tous les êtres vivants sont nés adultes à la

voix de Dieu, dans les conditions convenables pour pouvoir se nourrir immédiatement et se reproduire. Le premier cheval s'est élancé de la terre, bondissant à travers les campagnes, cherchant la première jument sortie elle-même d'une oasis féconde ; la première vache est née au sein d'un plantureux pâturage préparé pour la recevoir ; la première fauvette n'est point sortie de l'œuf pour mourir de faim et de froid en quelques heures, mais s'est envolée tout emplumée d'un buisson d'aubépine en fleur ; la première puce, parasite de l'homme et non de tout autre animal, a été créée sur un corps humain préparé pour la nourrir ; le premier petit ver serpentant sur le fromage de Roquefort a été créé tout exprès pour ce comestible apprécié des fins gourmets ; la première baleine a fendu les ondes en attendant l'arrivée de Jonas.

Car il n'y a pas de petits miracles et de grands miracles, de miracles faciles et de miracles difficiles. Le vrai Dieu ne peut pas fabriquer des demi-miracles et des quarts de miracle, comme les industriels de Lourdes, de la Salette et de Paray-le-Monial fabriquent des demi-glaces et des quarts de glace, suivant la fortune ou la gourmandise de leurs dévots. Ou le premier couple humain a été créé de toutes pièces, à l'âge adulte, dans les meilleures conditions vitales, à l'abri des injures de l'air, de la gelée, du tonnerre, des inondations, des bêtes fauves, des fièvres, et pendant quelque temps miraculeusement préservé de la faim, de la chaleur du jour, du froid de la nuit et de tout ce qui pouvait nuire à la parfaite conservation de ces deux corps humains arrivés tout perfectionnés et tout sensibles. Ou bien le premier homme est né enfant, sorti du sein d'une mère qui tenait encore à l'animalité et n'était pas encore tout à fait parvenue au rang de la femme telle que nous la connaissons aujourd'hui. Ou toutes les espèces animales ont été créées séparément, ou bien elles ont été formées naturellement en dérivant les unes des autres par un lent progrès, une lente différenciation des individus et des variétés. Il n'y a pas de tergiversations possibles ici; il faut être radical dans un cas comme dans l'autre.

Quel est le moyen de connaître la vérité ? 1º avoir l'esprit libre ; 2º observer ce qui se passe dans la nature.

Examinons donc l'homme avec la plus complète indépendance d'esprit et l'impartialité la plus absolue.

* *

Commençons par sa vie *embryonnaire*. Au début de sa formation, dans le sein de sa mère, l'homme est actuellement encore une simple cellule. L'ovaire humain est essentiellement semblable à ceux des autres mammifères. Non seulement sa forme et sa structure, mais encore son diamètre, sont les mêmes chez la plupart des mammifères et chez l'homme. Ce globule est d'environ 1/15 de millimètre, et visible à l'œil nu. D'abord il se multiplie lui-même et devient une sphère ressemblant à une framboise. Ces cellules sont les matériaux de construction qui serviront à édifier le corps du jeune animal. Chacun de nous a été une de ces sphères simples, composées de petites cellules transparentes.

Dans le premier stade, il est absolument impossible de distinguer l'embryon de l'homme de celui des autres mammifères, des oiseaux et des reptiles. L'homme passe successivement, dans les premières semaines de sa vie embryonnaire, par les principales espèces animales qui existent encore aujourd'hui. Certaines phases primordiales du développement humain correspondent absolument à certaines conformations qui persistent toute la vie chez les *poissons* inférieurs. Puis, l'organisation, d'abord pisciforme, devient *amphibie*. C'est beaucoup plus tardivement, qu'apparaissent les caractères particuliers aux *mammifères*.

Il y a parallélisme parfait entre l'évolution embryologique de l'individu et l'évolution paléontologique du groupe entier auquel il appartient. En parcourant ainsi une série de formes transitoires, chaque animal, chaque plante résume en quelque sorte, dans une succession rapide et dans ses contours généraux, la longue et lente série révolutive des formes par lesquels ont passé leurs ancêtres depuis les âges les plus reculés. L'embryon d'un enfant à la quatrième semaine et ceux d'un chien du même âge, d'une tortue de même date et d'un poulet de quatre jours se ressemblent à s'y méprendre.

*　*　*

Ainsi la nature elle-même répond déjà à notre question par notre embryogénie actuelle. Mais lorsque nous sommes entièrement formés, il nous reste encore des organes rudimentaires ou atrophiés, qui physiologiquement sont absolument inutiles, et qui ne peuvent être qu'un legs de nos ancêtres. Les poils follets qui recouvrent notre corps sont dans ce cas. Il en est de même des muscles de l'oreille, qui ne peuvent plus nous servir à la mouvoir, tandis que les singes et certains sauvages la remuent encore. A l'angle interne de notre œil, il y a un petit repli semi-lunaire, qui est le dernier vestige de la troisième paupière interne qui existe chez les oiseaux, les reptiles, les requins, etc. La queue des singes nous reste encore pendant deux mois au commencement de la vie embryonnaire. Nous avons aussi sous la peau en diverses régions des muscles cutanés qui nous sont inutiles, mais qui existent chez les mammifères. Un examen anatomique détaillé du corps humain montre quantité d'autres organes rudimentaires que la théorie de la descendance peut seule expliquer.

Ces organes sont autant de preuves établissant la vérité de la théorie de la transformation naturelle. Si l'homme ou tout autre être avait été construit dès le principe en vue d'un but à atteindre ; s'il avait été appelé à la vie par un acte créateur, alors l'existence de ces organes rudimentaires n'aurait aucune raison. Au contraire, la théorie de la descendance en donne fort simplement l'explication. Elle nous apprend que les organes rudimentaires sont des parties du corps qui, dans le cours des siècles, sont graduellement devenus hors de service. Ces organes avaient des fonctions déterminées chez nos ancêtres animaux ; mais, chez nous, ils sont absolument sans valeur physiologique. De nouvelles adaptations les ont rendus inutiles, mais ils n'en ont pas moins été transmis de génération en génération, et ont ainsi rétrogradé lentement. Non seulement les organes rudimentaires, mais tous les autres organes de notre corps nous ont été légués par les mammifères, et en dernier lieu par nos ancêtres simiens.

***

L'anatomie comparée donne précisément aussi le même témoignage. Le corps de l'homme est formé exactement comme celui des animaux qui l'ont précédé. Haeckel a donné notamment à cet égard, dans son ouvrage sur *La Création naturelle*, une planche fort instructive représentant les mains ou plutôt les extrémités antérieures de neuf mammifères différents : homme, gorille, orang, chien, phoque, dauphin, chauve-souris, taupe et ornithorynque. Dans ces neuf extrémités, on trouve toujours, quelle que soit la diversité des formes extérieures, les mêmes os en nombre égal, dans la même position, et le même mode de groupement.

Que la main de l'homme diffère fort peu de celle du gorille et de l'orang, cela semblera sans doute fort naturel, mais que la patte du chien, la nageoire pectorale du phoque et du dauphin soient essentiellement construites de la même façon, voilà qui paraîtra déjà plus surprenant. Pourtant, on s'étonnera bien autrement de voir les mêmes os continuer à la fois l'aile de la chauve-souris, la patte en forme de pioche de la taupe, et l'extrémité antérieure du plus imparfait des mammifères, de l'ornithorynque. Le volume et la forme des os ont seuls subi de notables modifications ; leur nombre, leur disposition, leur mode d'articulation n'ont pas varié. A quelle cause naturelle serait-il possible d'attribuer cette étonnante similitude dans la diversité des formes extérieures, sinon à une parenté universelle ?

*
* *

La géologie et la paléontologie confirment toutes ces conclusions. Il y a progression continue des organismes les plus simples jusqu'aux plus complexes. L'animalité s'élève comme un seul arbre dont les rameaux sortent les uns des autres. On remarque entre les divers types d'animaux fossiles une gradation successive, comme si quelque force d'organisation s'était ingéniée à ajouter, modifier et compliquer sans cesse, pour porter le nombre et la variété des espèces à l'infini. Mais la trace du mouvement reste : l'enfant n'hérite-t-il pas de la faculté essentielle du singe ?

*
* *

Quel que soit le secret de l'origine des êtres, il est certain que les choses se présentent *comme* s'ils dérivaient les uns des autres. Bien des lacunes existent entre eux, mais le nombre en diminue de jour en jour par les découvertes imprévues dans le sein de la terre, dans les abîmes de l'Océan ou en des coins jusque-là inexplorés du globe. On l'a répété à satiété : « La nature ne fait pas de sauts. »

« L'espèce, écrivait Lamark en 1809, varie à l'infini, et, considérée dans le temps, n'existe pas. Les espèces passent de l'une à l'autre par une infinité de transitions dans le règne animal, comme dans le règne végétal. Elles naissent par voie de transformation ou de divergence. En remontant la suite des êtres, on arrive ainsi à un petit nombre de germes primordiaux, ou monades, venus par génération spontanée.

« L'homme ne fait pas exception, il est le résultat de la transformation lente de certains singes. L'échelle à laquelle on comparait auparavant les règnes organiques n'existe, dit-il, que pour les masses principales. Les espèces, au contraire, sont comme les extrémités isolées des branches et des rameaux formant chacune de ces masses. »

* *
*

Cette hypothèse grandiose est issue du cerveau de Lamark, dans un temps où manquaient la plupart des connaissances en histoire naturelle, en paléontologie et en embryologie, qui depuis l'ont éclairée d'une si vive lumière. Rien n'a été ajouté à son principe, les voies et moyens de la transformation ont été discutés, des faits d'observation ont été apportés, des listes généalogiques des êtres proposées ; mais le fond est demeuré intact.

Les voies et moyens de Lamarck se résument en une phrase : l'adaptation des organes aux conditions d'existence.

Darwin a appliqué au transformisme de Lamarck la « sélection naturelle » par la lutte pour l'existence. On sait que les éleveurs d'animaux et les horticulteurs obtiennent presque à volonté les formes nouvelles qu'ils désirent en choisissant d'abord dans une même espèce, puis parmi les rejetons d'un premier croisement, ceux des croisements suivants, et ainsi de suite, les individus possédant au plus haut degré la déviation voulue ; une espèce nouvelle se développe ainsi et se fixe à force de persévérance. Les divergences du type primitif qu'on obtient sont inouïes ; elles portent sur la couleur, la forme de la tête, les proportions du squelette, la configuration des muscles, et jusqu'aux mœurs de l'animal. Certains éleveurs s'engagent à produire en trois ans telle plume donnée sur un oiseau, et en six ans telle forme de bec ou de tête. C'est là toute la « sélection artificielle », comme elle s'opère par la main intelligente de l'homme sur des animaux à l'état de domesticité.

Dans la nature, deux individus d'une même espèce ou d'une même famille ne se ressemblant pas complètement; ils diffèrent par des caractères sans valeur ou par des caractères qui leur donnent un avantage dans la lutte avec ceux dont les besoins sont les mêmes ou avec les conditions de milieu et de subsistance de toute sorte. L'animal qui a une couleur protectrice, c'est-à-dire semblable au terrain sur lequel il fuit, échappera mieux à la dent de ses ennemis. L'animal à la fourrure plus épaisse sera favorisé aux pôles, celui à la peau glabre à l'équateur, etc. Par conséquent, tout avantage acquis dès la naissance, et par cela même plus facilement transmissible, met l'individu dans des conditions meilleures de résistance aux causes de destruction et de stérilité. Les organes se développent ou s'altèrent, suivant l'usage qu'on en fait.

Il s'ensuit que certains individus seront comme triés, choisis par un procédé naturel qui remplace l'action de l'homme dans la sélection artificielle, et que ces individus seront précisément ceux qui s'écartent le plus des autres par quelque caractère nouveau. Le fait se répétant pendant plusieurs générations, les divergences s'accentuent, la tendance à l'hérédité augmente et des types nouveaux se forment, de plus en plus éloignés du point de départ.

Les procédés de formation des espèces doivent être nombreux, d'ailleurs.

Le transformisme s'impose donc comme une nécessité, dirons-nous avec le docteur Topinard dans son beau livre sur L'*Anthropologie*. Tout est comme si les choses s'étaient ainsi passées. Ou l'homme est né de rien, par enchantement, ou il provient de ce qui existait auparavant.

**

Ainsi, toutes les sciences anthropologiques s'unissent unanimement pour affirmer que le genre humain descend d'une série de divers ancêtres mammifères. Quel a été son précurseur immédiat? Aucune des races humaines inférieures actuelles ni aucune des races de singes actuelles n'a pu l'être. Mais à coup sûr les orangs, les chimpanzés, les gorilles, sont nos plus proches parents. Les premiers hommes, sauvages bruts, grossiers, sans langage, sans famille, sans traditions, les hommes du commencement — de l'âge de pierre — étaient encore des singes, des anthropoïdes; mais leur race n'a pas survécu. Des races beaucoup plus récentes, historiques, les Charruas, les Caraïbes, les anciens Californiens, ont disparu. Le dernier des Tasmaniens vient de mourir. Les Australiens, les Esquimaux, les Polynésiens vont bientôt disparaître à leur tour. La Terre tourne, et le Progrès transforme le monde.

*
* *

Il y a des hommes qui préfèrent être déchus d'un Adam parfait que s'être élevés d'un ancêtre simien. C'est affaire de goût. Le plus bel éloge qu'on puisse faire de l'humanité n'est peut-être pas celui qu'on proclame.

L'ORIGINE DE LA FEMME

La Bible nous assure que le Père éternel eut un jour l'idée singulière d'enlever une côtelette au flanc du premier homme, d'agrandir cette côte et de la métamorphoser en femme, au grand étonnement d'Adam qui, à son réveil, ne put en croire ses yeux; que cette femme était belle, pure et charmante, mais qu'elle était assurément moins vertueuse que son mari, puisque c'est elle qui l'entraîna dans le péché. Ensuite, le Père éternel, qui revenait d'une promenade dans le verger (Genèse, III, 8), s'assit sous un arbre et cousit des peaux de bête, laissées sans doute là par un chasseur, pour en fabriquer deux vêtements à l'usage de nos premiers parents.

Il nous semble qu'il ne faut rien prendre à la lettre. Tout cela est d'un beau symbolisme oriental.

On retrouve sur l'origine de la femme la même légende, avec variantes, dans toutes les traditions hindoues et orientales, et presque toujours — avouons-le — avec cette opinion défavorable sur la première femme, sans la création de laquelle l'homme aurait, dit-on, vécu éternellement heureux, dans les pures délices d'un paradis enchanteur, sans émotions, sans maladies et sans concupiscence.

Mais, vraiment, les commentateurs antiféministes ne sont-ils pas allés un peu loin dans leurs imprécations ?

Voici comment parle saint Cyprien :

> Loin de nous cette peste, cette contagion, cette ruine cachée ! C'est sa forme qui porte au péché ; c'est de sa substance qu'a pris origine la nécessité de mourir. Une liaison avec une femme est la source de tous les crimes ; c'est la glu envenimée dont se sert le diable pour s'emparer de nos âmes. Une liaison avec une femme est une incongruité.

Et saint Augustin :

> C'est une grande question de savoir si les femmes, au jugement dernier, ressusciteront en leur sexe ; car il serait à

craindre qu'elles ne parvinssent à nous tenter encore à la face de Dieu même.

Et saint Pierre :

Quand j'entends une femme parler, je la fuis comme une vipère sifflante.

Moïse déjà la traitait d'*impure* et condamnait *à mort* l'homme qui s'approchait d'elle à certains moments. Le christianisme a renchéri sur le judaïsme, et saint Thomas déclare que « la femme, étant un être accidentel et manqué, n'a pu être dans le plan de la création primitive ».

Saint Grégoire était du même avis :

Une femme bonne, assure-t-il, est plus introuvable qu'un corbeau blanc.

Et Salomon :

La femme est plus amère que la mort. Sur mille hommes, j'en ai trouvé un bon; mais, de toutes les femmes, pas une.

Et Euripide :

Si c'est un dieu qui a inventé la femme, qu'il sache, ce dieu, quel qu'il soit, qu'il a été *pour l'homme* le funeste artisan d'un mal suprême.

Et Cicéron :

Sans les femmes, les hommes eussent conversé avec les dieux.

Et Philon :

La femme n'est qu'un mâle imparfait.

Et Aristote :

La nature ne fait des femmes que lorsqu'elle ne peut point parvenir à faire des hommes.

Et Montesquieu :

Les femmes n'ont que de petites âmes.

Et Molière :

Elles ne valent pas le diable.
>   La meilleure est toujours en malices féconde;
>   C'est un sexe engendré pour damner tout le monde.

Tels sont les jugements portés sur la femme par d'éminents et sacrés écrivains. Bossuet lui-même l'engage à s'humilier dans ses vanités et à se souvenir qu'elle n'est, après tout, qu'une « côte supplémentaire ». Ce n'est là qu'une légère réminiscence, car il serait facile de compiler un gros in-octavo de citations analogues. Et nous avons eu la délicatesse de passer sous silence ce fameux concile où de vénérables pères de l'Église assurèrent qu'il n'y avait pas plus d'âme dans la cervelle d'une femme que sur la main. En vain objecterait-on qu'en tout ceci ce sont des hommes qui ont parlé et non des femmes; cette objection s'évanouit d'elle-même si l'on réfléchit que, quelque mal qu'un homme puisse penser des femmes, il n'y a pas de femme qui n'en pense encore davantage.

Ainsi tout le monde est d'accord sur ce point, et les deux moitiés du genre humain s'unissent pour partager l'opinion résumée plus haut par Molière. Nous avons vu dans notre étude sur l'origine de l'homme que l'anatomie, la physiologie, l'embryologie, la paléontologie s'accordent pour prouver l'origine animale de la race humaine. Serait-il indiscret d'invoquer également ces sciences anthropologiques sur l'état relatif de la femme au point de vue du progrès accompli?

L'homme a tout à fait perdu la queue de ses ancêtres anthropoïdes. Mais, durant les deux premiers mois de la vie intra-utérine, l'embryon humain montre encore aujourd'hui un rudiment de queue, représenté pendant la vie entière sur les troisième, quatrième et cinquième vertèbres caudales. Chez la femme, cette queue embryonnaire comprend généralement une vertèbre de plus; elle a conservé plus fidèlement que nous la trace de notre commune origine simienne.

*
* *

L'embryologie nous montre d'autre part que l'embryon humain est dépourvu de sexe jusqu'à la neuvième semaine, offre ensuite les apparences du sexe féminin et n'offre qu'au cinquième mois les caractères distinctifs du sexe masculin; celui-ci représente une étape de plus dans le développement. Les organes sexuels sont homologues, et l'être est originairement hermaphrodite; la différenciation qui s'opère sur le fœtus humain montre un progrès dans la formation définitive du sexe masculin.

Si nous considérons l'organe caractéristique de la supériorité intellectuelle, le cerveau, nous trouvons que son poids moyen est de 1400 grammes pour les hommes et de 1250, dans les mêmes conditions, pour les femmes. Une charmante dame, à qui l'on faisait part de ce résultat, objectait qu'il n'y avait là rien de bien surprenant, puisque le corps entier de la femme est en moyenne inférieur à celui de l'homme et pèse moins. Mais le malheur veut que, toute proportion gardée, tandis que la taille de la femme est à celle de l'homme comme 93 à 100, le poids de son cerveau est dans le rapport de 91 à 100. Le cerveau est donc incontestablement plus léger chez la femme, et cela à tous les âges de la vie.

Ajoutons encore que, par tous les caractères physiques de son squelette, depuis le torse jusqu'au crâne, la femme est l'intermédiaire entre l'enfant et l'adulte masculin.

Moïse, saint Augustin et Molière auraient-donc raison? L'ange de beauté et de pureté que nous admirions dans nos rêves comme le type de la femme sortie des mains de Dieu ne serait-il en réalité qu'une vilaine guenon « ne valant pas le diable? » Lisons les historiens anciens sur les mœurs de la femme naturelle.

. Les peuplades primitives vivaient dans un état singulier de promiscuité. Loin d'être une institution fondamentale et première, le mariage est de date relativement récente. Hérodote dit des Messagètes, peuple de race tatare, que bien que chacun ait une femme parmi eux, il est permis cependant de jouir des autres, et que lorsqu'un homme désire une femme, il suspend simplement son carquois au chariot de celle-ci et agit sans que personne s'y oppose. Strabon tient absolument le même langage et ajoute que personne n'y met aucun mystère. Hérodote le dit d'ailleurs dans un autre passage, et Zenobius rapporte que les Messagètes des montagnes embrassent comme il leur plaît, coram populo.

Denys le Périégète, Diodore, Xénophon et Apollonius de Rhodes signalent le même manque de pudeur chez les Mosynœques, montagnards des côtes méridionales de la mer Noire, qui passaient d'ailleurs pour de véritables sauvages.

L'Afrique ancienne fournit d'autres cas de peuples où régnait l'hétaïrisme. Tels sont les Nasamons, dont Hérodote décrit les mœurs vis-à-vis des femmes comme pareilles à celles des Messagètes ; il en dit autant des Anses, habitants des bords du lac Triton, dont toutes les femmes sont en commun. Une foule d'auteurs rapportent la même chose des Garamantes ; Solin dit qu'ils ignorent le mariage et qu'il est permis à tout le monde de s'unir à son gré. Pomponius Mela dit que nul n'a d'épouse personnelle.

Strabon et Diodore de Sicile s'accordent à représenter les Troglodytes africains comme ayant les femmes en commun, à l'exception des chefs, dont les épouses doivent être respectées ; toutefois, le châtiment encouru pour un acte de violence commis sur ces dernières n'était pas terrible, puisqu'il ne consistait qu'en une amende d'un mouton.

Sextus Empiricus signale un peuple de l'Inde vivant en plein hétaïrisme. Strabon décrit les Galactophages de Scythie sous le même aspect, et Nicolas de Damas dit du même peuple : « Ils ont les biens et les femmes en commun ; aussi nomment-ils *pères* tous les gens âgés, *fils* tous les jeunes et *frères* tous ceux du même âge.

* *
*

« Dans le monde sémitique, dit M. Girard de Rialle, nous rencontrons aussi des traces évidentes d'un état hétaïrique primitif fort répandu. La grande prostitution sacrée qui se pratiquait des bords du Tigre et de l'Euphrate à ceux de la mer de Phénicie, depuis les plaines de la Chaldée jusqu'aux montagnes de l'Arménie, jusqu'aux plateaux et aux vallées de l'Asie Mineure, en est une preuve que l'on ne peut réfuter. Le fait même que cette étrange institution, qui vouait chaque femme au moins une fois en sa vie aux caresses du premier venu, était revêtue d'un caractère religieux, démontre solidement son origine, car aux temps primitifs et même plus avant dans le développement des sociétés, mœurs, religion et organisation sociale ne sont qu'une seule et même chose. Ce sacrifice que faisait de son corps la femme mésopotamienne ou palestienne à la divinité de l'élément humide et de la terre n'était sans doute que la reconnaissance implicite de l'antique droit des mâles à jouir de toutes les femelles de la tribu ou de la race. »

***

Il ne serait pas difficile de trouver des exemples analogues chez les peuples actuels. Les femmes du Thibet ont l'habitude de se barbouiller le visage avec du jus de fraise et de raisin. Cet usage date de si loin qu'un moine, envoyé par saint Louis au khan des Tartares, en 1242, le trouva déjà établi. Il paraît qu'à une certaine époque l'immoralité était si grande qu'un roi fut obligé, pour réprimer ces abus, de donner à ses sujets l'ordre de se souiller ainsi le visage. Dans ce même pays, on peut prendre la femme de son voisin, mais il paraît qu'il est d'usage de s'entendre d'abord avec le mari et de lui offrir une petite indemnité.

On dit même que ces mœurs antiques n'ont

pas entièrement disparu chez des peuples modernes très civilisés et tout à fait « fin de siècle ».

En Mongolie, le mari achète la femme un prix déterminé, mais si ensuite il n'en est pas absolument enchanté, il rend à la famille la femme et l'argent ; un autre amateur la rachète de nouveau.

Au cœur de l'Afrique, chez les Mombouttous, les femmes constituent un véritable bétail et travaillent constamment pour leurs maîtres. Les hommes riches passent leur vie à fumer, tandis que leurs nombreuses épouses travaillent sans relâche. Une extrême liberté règne entre les deux sexes ; telle négresse anthropophage aime beaucoup l'homme, à ce point qu'elle en mange souvent, cuit ou même cru ; ordinairement, elle fait sa cuisine à la graisse humaine.

Chez les Bongos, les femmes et les jeunes filles vont entièrement nues, à l'exception d'une ceinture légère, formée par une branche souple et feuillue ; elles ont généralement la cuisse de la grosseur du corps d'un homme, et il n'est pas rare d'en trouver qui pèsent plus de quatre cents livres. On connaît leur difformité et leur flaccidité. Oh! elles ne sont pas divinement belles. Oserons-nous ajouter que certaines négresses rejettent leurs seins sur leurs épaules pour allaiter l'enfant suspendu sur leur dos et même debout derrière elles, sur une certaine saillie.

Nul n'ignore, il est vrai, que la femme à l'état sauvage est plus laide que l'homme. On peut faire la même remarque chez les singes, où la grâce, l'agilité, la souplesse, l'intelligence se manifestent dans le sexe masculin de préférence au sexe féminin. Il en est de même dans toutes les espèces animales, et principalement chez les oiseaux, où les mâles ont à la fois reçu en partage de la bienveillante nature la séduction du chant et la richesse du plumage.

Ainsi, nul subterfuge ne suffirait pour le contester, la femme a conservé, aussi bien que l'homme et souvent mieux, les vestiges naturels de notre origine animale. Ève n'a pas effeuillé de roses au paradis terrestre, comme nos peintres la représentent : 1° parce qu'elle n'a pas existé, et 2° parce qu'il n'y avait pas de roses au commencement de l'humanité, la rose, comme les autres fleurs cultivées, comme la pêche et la poire, étant un produit de l'art humain.

*
* *

Cependant, entre nous, malgré les imprécations de saint Ignace et de saint Antoine, la femme actuelle n'est-elle pas le chef-d'œuvre de corps et d'esprit le plus merveilleux qui se puisse imaginer ? La guenon primitive est devenue Cléopâtre ! Quelle que soit l'espèce anthropoïde d'où nous descendions, la femelle est devenue femme, le charbon s'est transformé en diamant, et la sauvage difforme et velue des temps antropophagiques a donné naissance à Diane de Poitiers. Eh bien ! la femme doit cette stupéfiante transformation à elle seule : à la persévérance de sa double coquetterie.

La fille primitive de la nature a compris qu'elle pouvait séduire l'homme par le charme de sa beauté et le dominer par les attentions multipliées d'un esprit souple et délicat; elle a protégé son corps contre les injures extérieures et contre la satiété des désirs, et elle a vu ses formes, si rudes à l'origine, s'adoucir progressivement, son épiderme devenir plus sensible, son teint de bistre pâlir, et, de nuance en nuance, acquérir, pour ne plus la perdre, la blancheur du lis et la clarté des roses.

La mamelle brune et allongée est devenue ce sein d'albâtre, oreiller du contemplateur. A mesure que l'antique esclave dominait son maître, elle devenait à la fois plus fière dans sa taille et plus élégante dans son maintien, ne perdant jamais de vue, nuit et jour, l'idéal de ses rêves : le progrès dans la beauté. Aussi son corps se purifiait, s'idéalisait à mesure que son esprit gagnait, par l'usage, une finesse plus exquise; ses yeux languissants et rêveurs, reflétant l'azur profond des cieux ou la chaude lumière du soir, prenaient leur expression caressante et leur chatoyante profondeur; sa main se faisait plus petite pour contenir plus de séductions, et ses pieds, oubliant la terre ingrate et grossière, se dérobaient sous ce beau corps assoupli, qui vaguement tendait aux indolences de la position horizontale. Une onde parfumée tomba dans des vasques de marbre pour baigner ses membres délicats ; l'Orient étendit ses moelleux tapis et ses coussins de soie; des odeurs enivrantes s'exhalèrent de sa chevelure ; des tissus légers et toujours changeants folâtrèrent en dessinant les fermes ondulations de son corps; des miroirs multiplièrent son image ; les fleurs s'embellirent elles-mêmes pour partager son existence, et la musique aux ailes palpitantes descendit le soir la bercer dans le plus voluptueux des rêves... Alors, les hommes les plus pieux adorèrent le Créateur dans sa créature ; mais, non satisfaite du succès, elle parut parfois dédaigner l'encens pour activer encore le feu de l'encensoir. Vestale infatigable, elle ne voulut sur la terre qu'une divinité, qu'un autel et qu'une flamme, et régna désormais en souveraine sur tous les cœurs.

**

Pendant ce temps-là, l'homme s'occupait

des pierres, des forêts, de la terre, de la mer, des animaux, des armées, des nuages et de la politique. La femme, elle, ne pensait qu'à être aimée et à aimer. L'amour en a fait cette splendeur. L'homme est à ses pieds et l'adore.

Ne pensez-vous pas que la fine magicienne a choisi le plus beau rôle?

*
* *

En fait, la femme est plus moderne que l'homme. Elle a été plus longtemps animale et ne s'est séparée qu'avec lenteur de ses ancêtres à queue prenante. Elle a parfois des retours plus accentués que nous vers la barbarie. Son cerveau s'est même jusqu'à ce jour beaucoup moins exercé. L'homme l'a certainement aidée, surtout dans les temps primitifs, à... rester dans l'esclavage, et si elle avait compté sur lui pour en sortir, il est bien probable qu'elle ne se serait pas démesurément émancipée. Mais par la délicatesse de ses sensations, par la finesse de son tact, par son esprit d'observation tout simien et par la gracieuse ambition de son cœur, son rôle de mère s'est visiblement laissé surpasser par son rôle d'amante; le premier s'est embelli et idéalisé lui-même, la femme a réalisé son type, et elle a été beaucoup plus rapide que nous dans son développement spécial. La divine vestale mérite tout l'encens qui se consume à ses pieds. S'il est permis d'émettre une crainte, c'est que, dans un avenir assez proche, elle finisse par absorber tout à fait le sexe qu'elle a magnétisé.

La femme est une conquête de l'esprit. Elle a appris à régner, et elle ne pense guère qu'à cela, de quinze à quarante ans. Les hommes se croient plus sérieux par leurs sciences, leurs affaires, leurs ambitions. Qu'ils prennent garde! Avant cent mille ans ils seront réduits à l'esclavage, et l'étoile céleste brillera au-dessus de leur misère.

VICTOR HUGO ASTRONOME

L'immortel génie auquel Paris, la France, l'humanité entière ont fait de si splendides funérailles, vivait dans la connaissance des choses célestes et dans la contemplation de l'infini. De grands esprits ont habité la Terre sans connaître leur demeure, sans savoir que notre planète est un astre du ciel, sans avoir aucune idée de la constitution générale de l'univers. Ils ont pu être fort instruits en choses spéciales, savants, inventeurs, artistes, poètes, philosophes, moralistes, etc., etc., mais ils ne pensaient pas juste dès qu'ils essayaient de s'élever à la synthèse, et l'on sent par les jugements qu'ils ont portés dans les problèmes les plus élevés de la métaphysique que leur horizon était borné aux étroites limites de leur observation immédiate, et qu'ils n'avaient pour se guider qu'une lumière incomplète et vague, arrêtant toute tentative de généralisation au début même de son essor. Lui, pensait en astronome, et c'est là la cause première de l'immensité de ses vues.

Dès son enfance, il s'était accoutumé à nommer les étoiles par leur nom, à connaître leurs positions dans le ciel, à remarquer les planètes visibles, à observer le ciel un peu à la façon des anciens astronomes contemplateurs de l'Orient et de la Chaldée. Il s'est constamment tenu au courant des progrès de la science, et aucune importante découverte astronomique moderne ne lui a échappé. On peut lire dans le *Rhin*, entre autres, de belles pages sur les constellations et les étoiles, et déjà des envolées merveilleuses vers l'au delà des premiers plans du céleste décor. C'est là pourtant un simple récit de voyage de jeunesse. Lorsque, dans l'œuvre si considérable et si variée du poète, on arrive aux *Contemplations*, on est emporté par un vol magique en pleine immensité céleste. Dans la *Légende des Siècles*, on se sent pris de vertige, le sentiment du sublime même se trouvant parfois dépassé et s'évanouissant tout d'un coup pour faire place à l'éblouissement de l'effroi.

Les chants immortels qui peuvent paraître à beaucoup de lecteurs des excursions de fantaisie dans les domaines de l'astronomie sont, au contraire, le fond même de son œuvre poétique. Ce n'est point par hasard qu'il pensait au ciel; c'était toujours.

Je me permettrai de citer à ce propos le passage suivant d'une lettre que j'ai sous les yeux et qui date déjà de loin : Guernesey, 17 décembre 1862 :

« Les matières que vous traitez, m'écrivait-il, sont *la perpétuelle obsession de ma pensée*, et l'exil n'a fait qu'augmenter en moi cette méditation, en me plaçant entre deux infinis, l'océan et le ciel... Je me sens en étroite affinité avec des esprits comme le vôtre. Vos études sont mes études. Oui, creusons l'infini. C'est là le véritable emploi des ailes de l'âme. »

La seconde partie de la *Légende des Siècles*, qu'il écrivit depuis cette date, montre combien cette perpétuelle obsession de l'infini continuait de le poursuivre.

Parmi les dernières conquêtes du télescope, celles qui concernent la géographie de Mars l'intéressèrent au plus haut point, surtout la découverte des canaux rectilignes énigmatiques qui semblent traverser tous les continents de cette planète et mettre en communication toutes ces petites méditerranées les unes avec les autres. Il eut même un instant l'idée de se faire construire un télescope analogue à celui que M. Thiers avait fait monter sur la terrasse de son hôtel de la place Saint-Georges. C'était, avant tout, la question des conditions de la vie sur les autres mondes qu'il aimait à étudier, quoiqu'il sût combien la fécondité de la nature surpasse en tout les limites que notre ignorance tendrait à lui imposer. Une de ses lettres de l'année 1880 commence ainsi : « Mon frère, venez donc dîner vendredi pour causer de Mars... »

Il vivait dans le ciel, mieux que beaucoup

d'astronomes de profession qui n'ont jamais rien compris à la grandeur de leur propre science. Si, dans les appréciations de détail, il pouvait parfois se tromper, les grandes lignes de l'architecture du cosmos dessinaient pour lui le temple idéal de la nature dont il était l'apôtre. Rappelons-nous, par exemple, ce voyage aux étoiles :

Si nous pouvions franchir ces solitudes mornes,
Si nous pouvions passer les bleus septentrions,
Si nous pouvions atteindre au fond des cieux sans bornes,
Jusqu'à ce qu'à la fin, éperdus, nous voyions,
Comme un navire en mer croît, monte et semble éclore,
Cette petite étoile, atome de phosphore,
Devenir par degrés un monstre de rayons ;

S'il nous était donné de faire
Ce voyage démesuré,
Et de voler de sphère en sphère
A ce grand soleil ignoré ;
Si, par un archange qui l'aime,
L'homme aveugle, frémissant, blême,
Dans les profondeurs du problème,
Vivant, pouvait être introduit,
Si nous pouvions fuir notre centre
Et, forçant l'ombre où Dieu seul entre,
Aller voir de près dans leur antre,
Ces énormités de la nuit ;

Ce qui t'apparaîtrait te ferait trembler, ange !
Rien, pas de vision, pas de songe insensé
Qui ne fût dépassé par ce spectacle étrange,
Monde informe et d'un tel mystère composé
Que son rayon fondrait nos chairs, cire vivante,
Et qu'il ne resterait de nous dans l'épouvante
Qu'un regard ébloui sous un front hérissé !

Sachant que le monde physique est la charpente du monde moral, il considérait l'astronomie comme la base naturelle de toute philosophie. A ceux qui placent leurs espérances dans le vide il montrait les mondes innombrables qui gravitent dans l'éther :

Donc, puisque j'ai parlé de ces heures de doute
Où l'un trouve le calme et l'autre le remords,
Je ne cacherai pas au peuple qui m'écoute
Que je songe souvent à ce que font les morts ;

Et que j'en suis venu — tant la nuit étoilée
A fatigué de fois mes regards et mes vœux,
Et tant une pensée inquiète est mêlée
    Aux racines de mes cheveux —

A croire qu'à la mort, continuant sa route,
L'âme, se souvenant de son humanité,
Envolée à jamais sous la céleste voûte,
A franchir l'infini passait l'éternité ;

Et que chacun ferait ce voyage des âmes,
Pourvu qu'il ait souffert, pourvu qu'il ait pleuré,
Tous, hormi les méchants, dont les esprits infâmes
    Sont comme un livre déchiré.

Ceux-là, Saturne, un globe horrible et solitaire,
Les prendra pour un temps où Dieu voudra punir,
Châtiés à la fois par le ciel et la terre,
Par l'aspiration et par le souvenir.

Saturne, sphère énorme, astre aux aspects funèbres,
Bagne du ciel, prison dont le soupirail luit,
Monde en proie à la brume, aux souffles, aux ténèbres,
    Enfer fait d'hiver et de nuit.

Son atmosphère flotte en zones tortueuses,
Deux anneaux flamboyants, tournant avec fureur,
Font dans son ciel d'airain deux arches monstrueuses
D'où tombe une éternelle et profonde terreur.

Mais il n'y a peut-être rien de plus grand que l'*Abîme*. Il serait malheureusement un peu long de reproduire ici le chef-d'œuvre tout entier. Qu'il nous suffise d'en rappeler le sens :

L'HOMME

Je suis l'esprit, vivant au sein des choses mortes,
Je sais forger les clefs quand on ferme les portes...
Je fais voler l'esprit sur l'aile de l'éclair.

Rien sans moi. La nature embauche ; je termine.
Terre, je suis ton roi.

LA TERRE

Tu n'es que ma vermine,
Le sommeil, lourd besoin ; la fièvre, feu subtil ;
Le ventre abject, la faim, la soif, l'estomac vil
T'accablent, noir passant, d'infirmités sans nombre.
Tu t'en vas dans la cendre, et moi je reste au jour ;
J'ai toujours le printemps, l'aube, les fleurs, l'amour...
Je suis source et chaos, j'ensevelis, je crée...

SATURNE

Qu'est-ce que cette voix chétive qui murmure ?
Terre, à quoi bon tourner dans ton champ si borné,
Grain de sable, d'un grain de cendre accompagné ?
Moi, dans l'immense azur, je trace un cercle énorme...

LE SOLEIL

Silence au fond des cieux, planètes mes vassales !
Paix ! Je suis le pasteur, vous êtes le bétail.
Comme deux chars de front passent sous un portail,
Dans mon moindre volcan Saturne avec la Terre
Entreraient sans toucher aux parois du cratère.
Contemplez-moi !...

SIRIUS

J'entends parler l'atome. Allons, soleil, poussière,
Tais-toi ! Tais-toi, fantôme, espèce de clarté !
Pâtres dont le troupeau fuit dans l'immensité,
Globes obscurs, je suis moins hautain que vous n'êtes.
Te voilà-t-il pas fier, ô gardeur de planètes,

Pour sept ou huit moutons que tu pais dans l'azur !
Moi, j'emporte en mon orbe auguste, vaste et pur,
Mille sphères de feu dont la moindre a cent lunes.

ALDÉBARAN

Sirius dort ; je vis ! C'est à peine s'il bouge.
J'ai trois soleils : l'un blanc, l'autre vert, l'autre rouge,
Centre d'un tourbillon de mondes effrénés...

SEPTENTRION

Je suis Septentrion qui sur vous apparaît,
Sept yeux vivants, ayant des soleils pour prunelles,
Les éternels flambeaux des ombres éternelles.
Sirius avec tous ses globes ne serait
Pas même une étincelle en ma moindre fournaise.
Les étoiles des cieux vont et viennent là-bas,
Traînant leurs sphères d'or et leurs lunes fidèles,
Et, si je me mettais en marche au milieu d'elles
Dans les champs de l'éther à ma splendeur soumis,
Ma roue écraserait tous ces soleils fourmis !

LA VOIE LACTÉE

Mon éclatant abîme est votre source à tous.
Autant d'astres, autant d'immensités étranges,
Diverses, s'approchant des démons ou des anges,
Dont les planètes font autant de nations ;
Un groupe d'univers en proie aux passions,
Tourne autour de chacun de mes soleils de flammes...
Mon immensité vit, radieuse et féconde ;
J'ignore par moments si le reste du monde,
Errant dans quelque coin du morne firmament,
Ne s'évanouit pas dans mon rayonnement.

LES NÉBULEUSES

A qui parles-tu donc, flocon lointain qui passes?
A peine entendons-nous ta voix dans les espaces.
Nous ne te distinguons que comme un nimbe obscur
Au coin le plus perdu du plus nocturne azur.
Laisse-nous luire en paix, nous, blancheurs des ténèbres,
Nous, les créations!...

DIEU

Je n'aurais qu'à souffler, et tout serait de l'ombre!

Voilà le poète de l'éternelle nature! celui qui chante ainsi a entendu au fond de son âme les voix du ciel. Supérieur au mathématicien, qui ne voit dans l'univers qu'une page de chiffres et de formules, il est l'émule des Kepler et des Herschel. Peut-être est-il permis à l'un de ceux qu'il honora de son amitié de déposer sur sa tombe une couronne différente de toutes celles qui ont été jetées hier à ses pieds, et de saluer en lui, au-dessus de l'homme politique, au-dessus du héros de l'humanité militante, au-dessus même du poète humain, l'être déjà surhumain qui domine le monde :
LE PENSEUR.

TABLE DES MATIÈRES

	Pages.
Ciel et Terre. — L'Attraction	1
Les Voix de la Nature. — Le Grillon	13
Les Étoiles filantes	33
Le Mystère de la Création	59
A travers les ages. — Les Arènes de Paris	81
La Momie	103
Qu'est-ce que la vie?	123
Le Siège de la vie	139
Un Cerveau de fourmi	153
Chez les plantes	175
Encore les plantes	189
Le Printemps et les Oiseaux	207
Les Parisiens il y a cent mille ans	227
Les Habitants de la France il y a cent mille ans	239
L'Origine de l'Homme	251
L'Origine de la Femme	271
Victor Hugo astronome	289

CHOIX DE ROMANS D'AUTEURS CÉLÈBRES
à 60 centimes le volume, franco.
CHAQUE OUVRAGE EST COMPLET EN UN VOLUME)

VICTOR HUGO	La Légende du beau Pécopin.
ALPHONSE DAUDET	La Belle-Nivernaise.
EMILE ZOLA	Thérèse Raquin.
ANDRÉ THEURIET	Le Mariage de Gérard.
C. FLAMMARION	Lumen.
L'ABBÉ PRÉVOST	Manon Lescaut.
HECTOR MALOT	Une Bonne Affaire.
CATULLE MENDÈS	Le Roman Rouge.
EUGÈNE CHAVETTE	La Belle Alliette.
MARIE ROBERT HALT	Histoire d'un Petit Homme (ouv. c.).
THÉOPHILE GAUTIER	Jettatura.
JULES CLARETIE	La Mansarde.
G. COURTELINE	Le 51ᵉ Chasseurs.
ARMAND SILVESTRE	Histoires Joyeuses.
IVAN TOURGUENEFF	Récits d'un Chasseur.
GUY DE MAUPASSANT	L'Héritage.
LOUIS JACOLLIOT	Voyage aux Pays Mystérieux.
ERNEST DAUDET	Jourdan Coupe-Tête.
Mᵐᵉ J. MICHELET	Mémoires d'une Enfant.
A. DELVAU	Mémoires d'une Honnête Fille.
EDGAR POE	Contes extraordinaires.
FRANCISQUE SARCEY	Le Siège de Paris.
GUERIN-GINISTY	La Fange.
Mᵐᵉ LOUIS FIGUIER	Le Gardian de la Camargue.
EMILE ZOLA	Jacques Damour.
CHARLES DESLYS	L'Abîme.
JEAN RICHEPIN	Les Morts bizarres.
ALEXANDRE HEPP	L'Amie de Madame Alice.
JULES MARY	Un Coup de Revolver.
ANDRÉ THEURIET	Lucile Désenclos. — Une Ondine.
CHARLES MÉROUVEL	Caprice des Dames.
GUY DE MAUPASSANT	Histoire d'une Fille de Ferme.
OSCAR MÉTÉNIER	La Chair.
LÉON CLADEL	Crête-Rouge.
A. BELOT et E. DAUDET	La Vénus de Gordes.
JULES SANDEAU	Madeleine.
DUBUT DE LAFOREST	Belle-Maman.
PAUL ARÈNE	Nouveaux Contes de Noël.
ARSÈNE HOUSSAYE	La Confession de Caroline.
ALEXIS BOUVIER	Mademoiselle Beau-Sourire.
RENÉ MAIZEROY	Souvenirs d'un Saint-Cyrien.
F. CHAMPSAUR	Le Cœur.
AURÉLIEN SCHOLL	Peines de Cœur.
CATULLE MENDÈS	Pierre le Véridique, roman.
HENRI MURGER	Le Roman du Capucin.
NIKOLAÏ GOGOL	Les Veillées de l'Ukraine.
LÉON GOZLAN	Le Capitaine Maubert.
EMILE ZOLA	Madeleine Férat.
PIERRE MAËL	Le Torpilleur 29.
LÉON TOLSTOÏ	La Sonate à Kreutzer.

(Envoi franco contre mandat ou timbres-po...

IMPRIMERIE E. FLAMMARION, 26, RUE RACINE, PARIS.

www.ingramcontent.com/pod-product-compliance
Lightning Source LLC
Chambersburg PA
CBHW071124160426
43196CB00011B/1793